热点话题谈心录 2017

为实现第一个百年奋斗目标，未来五年我省勾画了怎样的发展新蓝图？
我省将如何推进农业供给侧结构性改革，让“湘字号”农产品卖得更好？
“两小时高铁经济圈”如何改变你我的生活？
以规矩成方圆，我省如何推进全面从严治党向纵深发展？
让发展插上互联网的翅膀，我省如何打造“移动湘军”？

中共湖南省委宣传部组织编写

湖南人民出版社

图书在版编目（CIP）数据

热点话题谈心录. 2017 / 中共湖南省委宣传部组织编写. —长沙：湖南人民出版社，2017.8
ISBN 978-7-5561-1767-3

I. ①热… II. ①中… III. ①时事评论—中国—2017—文集 IV. ①D609.9-53

中国版本图书馆CIP数据核字（2017）第196867号

REDIAN HUATI TANXINLU（2017）
热点话题谈心录（2017）

组织编写　中共湖南省委宣传部
责任编辑　吴向红　吴韫丽　马淑君　张宇霖　田　野　傅钦伟
装帧设计　谢俊平

出版发行　湖南人民出版社［http://www.hnppp.com］
地　　址　长沙市营盘东路3号
邮　　编　410005

印　　刷　长沙市雅高彩印有限公司
版　　次　2017年8月第1版
　　　　　2017年8月第1次印刷
开　　本　710 mm × 1000 mm　1/16
印　　张　11.25
字　　数　150千字
书　　号　ISBN 978-7-5561-1767-3
定　　价　39.00元

营销电话：0731-82683348　（如发现印装质量问题请与出版社调换）

2017
热点话题谈心录
Preface

前 言

最是一年春好处，扬帆奋进正当时。2017年注定是继往开来的重要节点，是全面实施“十三五”规划的实干之年，是全面建成小康社会的关键之年，是迎接党的十九大胜利召开之年。三湘大地紧密团结在以习近平同志为核心的党中央周围，按照“五位一体”总体布局和“四个全面”战略布局要求，坚持发展第一要务，坚持创新、协调、绿色、开放、共享发展理念，大力实施创新引领、开放崛起战略，着力建设经济强省、科教强省、文化强省、生态强省、开放强省。

做好今年工作的重要意义不言而喻，老百姓对中央和省委、省政府的政策走势也非常关心。从2009年起至今，围绕历年来人民群众关心的热点问题，《热点话题谈心录》已经连续编写了九年。今年，我们继续围绕大家关心的热点，以“建设新湖南，喜迎十九大”为主题，选取了未来五年发展新蓝图、“五个强省”的发展目标、现代制造业基地、农业供给侧结构性改革、全域旅游、脱贫攻坚、户籍制度改革、全面从严治党、“放管服”改革、基层腐败治理等19个话题进行专题宣传。专稿自5月29日起在全省各级各类媒体同步刊播后，引发了广泛的关注和共鸣。这些专稿在内容上既有省委、省政府的大政方针，更有群众关心的切身利益，在语言风格上则传承了一贯的“谈心体”形式，注重理论与实际的结合，以平实而鲜活的语言，以生动而详实的案例，寓理于事，就事论理，力求“谈”到百姓的心里，“热”到民意的深处。

九年里，尽管每一年“谈心”的话题各不相同，但不变的是我们的组织者和作者们对阐释好、解读好、宣传好新形势、新任务和新布局的初心，以及广大读者对于《热点话题谈心录》一如既往的鼓励、支持与期待。

九年来，《热点话题谈心录》已经成为联系党委政府和老百姓的“桥梁”。我们相信，《热点话题谈心录》的实践之树将会常青，继续为多角度记录湖南、全方位宣传湖南、高水平谋划湖南发挥越来越重要的作用。

2017
热点话题谈心录
CONTENTS

目录

1

迈向第一个百年目标

——我省未来五年发展新蓝图

·热点导读·

为实现第一个百年奋斗目标，我省第十一次党代会勾画了未来五年发展的新蓝图：“富饶美丽幸福新湖南”的发展愿景、“五个强省”的发展目标、“一带一部”的区域定位、“创新引领、开放崛起”的发展战略。这一新蓝图“全面开启了湖南实现基本现代化的壮丽新征程”，是“一个决胜全面小康、建设风生水起新湖南的嘹亮集结号”。

“一个天气晴好的周末，陪着父母、带着孩子徜徉在南湖边，清波荡漾、柳丝拂面，可以缓步游湖，可以畅快骑行，可以湖边晚餐，可以夜观星辰……”岳阳市社会主义学院副院长王亚丹接受记者采访时谈到她对未来生活的向往。“建设富饶美丽幸福新湖南，是三湘儿女对美好生活向往的集中体现，是当前和今后一个时期的发展愿景。”2016年11月15日上午，在庄严朴素的湖南省人民会堂里，省委书

2016年11月15日上午，中国共产党湖南省第十一次代表大会在省人民会堂隆重开幕，勾画了我省未来五年的发展新蓝图。图为大会现场。

记杜家毫在省第十一次党代会报告中对她的畅想作了响亮回应。报告浓墨重彩地勾画了我省未来五年发展的“锦绣潇湘图”，被认为“全面开启了湖南实现基本现代化的壮丽新征程”，是“一个决胜全面小康、建设风生水起新湖南的嘹亮集结号”。那么，省委、省政府究竟为我们描绘了一幅怎样的图景呢？

图景一：“富饶美丽幸福新湖南”的发展愿景

一年前，《中共湖南省委关于制定湖南省国民经济和社会发展第十三个五年规划的建议》和《湖南省国民经济和社会发展第十三个五年规划纲要》中提出的“富饶美丽幸福新湖南”九字目标，得到了全省上下的高度认同，省第十一次党代会报告顺应百姓心声，再次予以确认和强化。

“富饶”就是通过四到五年的努力，使湖南到2021年时人均地区生产总值达到10000美元以上，整体达到中等发达国家和地区水平，使湖南经济强势地“提上来”、老百姓的钱袋子真正地“鼓起来”，使湖南富

·数字点击·

我省推进创新引领结硕果

近年来，湖南科技创新水平实现历史跃升。“十二五”期间，湖南区域创新能力排名已位居全国第11位，比“十一五”末前进了4位；综合科技进步水平指数为54.29%，增幅位居全国首位；全省专利综合实力跻身全国十强，科技创新实力进入全国前列。湖南省自主创新成果收获颇丰，2015年获国家级科技成果奖系数跻身全国第7位。特别是超级杂交水稻、超级计算机、超高速轨道交通“三超”领跑世界。科研创新人才方面，湖南的科研人员达到了100万，属于全国较强的科研队伍。

长沙市公布新“三年造绿计划”（2017—2019），打造“千园之城”，聚力建设美丽新湖南。图为绿树成荫的长沙市南郊公园。

强、人民富裕成为现实。

“美丽”就是加强生态建设和保护，使三湘大地山清水秀、天朗地净、家园更美好，使每个人都能享受到更蓝的天、更绿的山、更清的水，呼吸到更清新的空气，吃到更放心的食品。

“幸福”就是更加用心保障民生，未来五年，全省的每个市州都要通上高铁，每个县市都要通上高速，每个贫困农户都要摘掉贫困帽子，全省人民将生活得更加舒心顺气，更加自尊自信、幸福安康。

图景二：“五个强省”的发展目标

2006年的省第九次党代会提出了建设经济强省、教育强省和文化

我省注重文化传承与创新，加快向文化强省转变。图为2017年5月12日，深圳会展中心文博会大湘西非遗展示馆，来自怀化的“侗族大歌”展演吸引了众多参观者驻足观看。

强省三大目标，省第十一次党代会根据新的形势要求，推出了“升级版”——建设经济强省、科教强省、文化强省、生态强省、开放强省。这其中，考虑到科技是湖南发展的最大动力和比较优势，故将“教育强省”升级为“科教强省”；考虑到绿色是湖南最明亮的底色和最基本的民生，故特意增加了“生态强省”；考虑到开放是湖南最大的潜力所在和最突出的短板，故将“开放强省”作为重要目标进行打造。

·深度关注·

国家“十三五”规划纲要中的重大区域政策

促进中部地区崛起

制定实施新时期促进中部地区崛起规划，完善支持政策体系，推动城镇化与产业支撑、人口集聚有机结合，形成重要战略支撑区。支持中部地区加快建设贯通南北、连接东西的现代立体交通体系和现代物流体系，培育壮大沿江沿线城市群和都市圈增长极。

长江经济带建设

推进长江经济带发展，坚持生态优先、绿色发展的战略定位，把修复长江生态环境放在首要位置，推动长江上中下游协同发展、东中西部互动合作，建设成为我国生态文明建设的先行示范带、创新驱动带、协调发展带。

国家自主创新示范区

打造区域创新高地。引导创新要素聚集流动，构建跨区域创新网络。充分发挥高校和科研院所密集的中心城市、国家自主创新示范区、国家高新技术产业开发区作用，形成一批带动力强的创新型省份、城市和区域创新中心。

长江中游城市群建设

提升长三角、长江中游、成渝三大城市群功能。

在目标如何落地方面，省委、省政府也提出了具体要求，就是要努力实现“五个转变”：推动综合实力显著增强，实现从经济大省向

观点·声音

新的历史条件下，保护好、传承好湖湘文化，深入挖掘蕴含其中的精神品质、价值思想、道德规范和经世智慧，进一步在溯源寻根中凝心铸魂、涵养社会主义核心价值观、增进文化自信，既是推动湖南改革发展的现实需要，也是湖南应有的文化担当。

——湖南省委常委、省委宣传部部长 蔡振红

只有发挥“一带一部”的优势，我省才能把握好国际经济一体化和沿海产业梯度大转移与国家支持中西部大发展等重大政策机遇，实现中部地区加快崛起和本省富民强省。因此，我们一定要进一步贯彻落实好习总书记对湖南发展的新定位、新希望、新要求，该出手时就出手，把富民强省的看家本领使出来，全面对接与融入长江经济带开发和建设，努力实现湖南从“沿海的内地”跨向“内地的沿海”。

——邓小平战略研究专家、湖南省委政研室原副主任 张富泉

经济强省转变；推动创新能力显著提升，实现从人才大省向科教强省转变；推动文化发展显著进步，实现从文化大省向文化强省转变；推动生态环境显著改善，实现从绿色大省向生态强省转变；推动开放程度显著提高，实现从内陆大省向开放强省转变。“五个转变”的思路使“五个强省”目标变得生动、可触摸。

图景三：“一带一部”的区域定位

美好的愿景需要精准的定位指引。2013年11月，习近平总书记在湖南考察时，提出湖南位于“东部沿海地区和中西部地区过渡带、长江开放经济带和沿海开放经济带结合部”的崭新定位，从全局视野和战略高度科学地阐述了湖南的区位优势，重构了湖南的战略坐标，全面凸显了湖南在全国经济版图中的区位价值。

为落实这个区域定位红利，省委、省政府明确提出，未来五年，

我省以科技创新为引领，推动开放崛起发展新战略。图为2017年6月2日，全球首列虚拟轨道列车在中车株洲电力机车研究所有限公司生产基地内载客运行。

我们要紧紧抓住产业梯度转移、空间梯度开发、开放梯度推进和国家实施“三大战略”的重大机遇，通过发挥好“过渡带”的优势，使湖南成为各类优质资源汇聚的洼地；通过发挥好“结合部”的优势，进一步敞开门求发展，创造湖南发展的新气象。

图景四：“创新引领、开放崛起”的发展战略

美好的愿景离不开科学的战略牵引。2013年，习近平总书记在湖南考察时深刻指出，“我国经济发展要突破瓶颈、解决深层次矛盾和问题，根本出路在于创新，关键是要靠科技力量”，要求湖南立足“一带一部”区位，努力扩大对外开放。

省委、省政府从近年来重庆等地的成功实践中也深刻认识到，只要重视创新和开放，即使是中西部内陆地区也能有大作为。因此，省第十一次党代会报告特别强调“要让创新、开放如鸟之两翼、车之两轮，驱动富饶美丽幸福新湖南发展愿景加快实现”。

在执行层面，湖南以“强大的肺活量”唱响创新的“主题曲”，注重以科技创新为引领，推进理念创新、制度创新、管理创新、文化创新等全方位创新，让创新理念渗透到发展的全领域、全过程，通过运用创新利器来倍增湖南的发展潜力。

另一方面，我省始终以开阔的大视野做活开放的“大文章”，把融入“一带一路”作为切入点，实行“引进来”与“走出去”并重、对外开放和对内开放并重、引资引技引智与优化发展环境并重，通过安装创新与开放的“双引擎”来做大经济的“总盘子”、做强现有的“家底子”、做通未来的“新路子”。

长河奔流永不息，伟业激荡更向前。富饶美丽幸福新湖南变成现实之时，恰逢中国共产党成立一百周年。只要三湘儿女继续发扬“吃得苦、霸得蛮、扎硬寨、打硬仗”的湖湘精神，“公私仓廪俱丰实”“水光山色与人亲”的美好图景定会如约而至。

·信息链接·

我省全力稳增长、促转型，综合实力明显增强

近年来，我省坚持以经济建设为中心，主动适应引领经济发展新常态，加快转变发展方式，实现经济平稳健康发展。

至2016年底，我省地区生产总值接近三万亿元，位居全国第九位。三次产业结构更趋合理，农业现代化建设三个“百千万”工程持续推进，粮食等大宗农产品生产保持稳定；新型工业化深入推进，工业增加值突破万亿元；服务业加速发展，对经济增长贡献率超过50%。创新发展亮点纷呈，长株潭国家自主创新示范区加快建设，超级计算机、超级杂交水稻、磁浮技术等一批重大科技成果达到世界先进水平。创新创业园区“135”工程持续推进，大众创业、万众创新蓬勃发展，新经济新动能加快培育。城镇化率突破50%，城乡结构实现历史性转变。全省四大板块实现国家战略全覆盖，启动实施“一核三极四带多点”区域发展战略，加快建设湖南湘江新区，区域协调发展、错位发展态势初步形成。交通、水利、能源、信息“四张网”建设成效显著，长沙地铁、磁浮快线顺利运行，高铁和高速公路通车里程居全国前列，区域交通枢纽基本形成。

2

奋力走在中部崛起的前列

——我省如何实施创新引领、开放崛起战略

·热点导读·

为推动湖南加快发展和转型发展，确保湖南走在中部崛起前列，省第十一次党代会提出了创新引领、开放崛起总战略。为实施好这一战略，我省坚持创新与开放“两手抓”，以创新为第一动力引领经济发展，以开放崛起建设内陆开放新高地，落实“一带一部”区位优势，驱动富饶美丽幸福新湖南发展愿景加快实现。

2017年全国“两会”期间，湖南代表团于3月9日召开了全体会议并向媒体开放。在这次开放会上，我省的创新引领、开放崛起发展战略引起了新闻媒体的广泛关注。创新引领、开放崛起是省第十一次党代会提出的发展战略，它不仅是未来五年湖南发展的“指南针”，也是湖南落实“一带一部”区位优势和走在中部崛起前列、实现富饶美丽幸福新湖南美好愿景的“奠基石”。那么，我省今后将如何实施好这一战略呢？

长沙四大重点片区突出特色，放大优势，完善功能，当好创新引领、开放崛起的示范区和排头兵。图为2017年5月25日，省委书记、省人大常委会主任杜家毫在岳麓山国家大学科技城考察。

坚持创新与开放“两手抓”

创新引领、开放崛起，是相辅相成、密不可分的总体战略。实现这样一个战略，必须坚持创新与开放“两手抓”“两不误”，切实做到在开放中创新、在创新中开放。对此，我省将重点打好“四套拳”。

一是把准核心内涵。即以科技创新为引领，推进包括制度创新、管理创新、文化创新、产品创新等在内的全面创新；以融入“一带一路”为切入点，实现“引进来”与“走出去”并重、对外开放和对内开放并重、引资引技引智与优化发展环境并重的深度开放。

二是悟透基本要求。即以培育创新精神、开放意识为先导，以提高创新能力、提升开放水平为重点，以完善体制机制为保障，充分激发全社会的创新热情与开放活力。

三是狠抓关键举措。即依靠创新、开放汇聚生产要素，培育发展新动力，发展高端产业，增创发展新优势，打造新增长点，拓展发展新空间。

四是紧盯根本目的。即坚持做大总量、做强存量、做优增量，推动经济发展更具活力、更有效率、更可持续。

这是创新的时代，也是开放的时代。创新和开放犹如车之两轮、鸟之两翼，将引领湖南未来经济社会发展走向新的辉煌。

·深度关注·

我国创新驱动发展的战略目标

实施创新驱动发展战略是中央在新的发展阶段确立的立足全局、面向全球、聚焦关键、带动整体的国家重大发展战略。为加快实施这一战略，中共中央、国务院2016年5月印发《国家创新驱动发展战略纲要》，制定了“三步走”的战略目标。

第一步，到2020年进入创新型国家行列，基本建成中国特色国家创新体系，有力支撑全面建成小康社会目标的实现。

第二步，到2030年跻身创新型国家前列，发展驱动力实现根本转换，经济社会发展水平和国际竞争力大幅提升，为建成经济强国和共同富裕社会奠定坚实基础。

第三步，到2050年建成世界科技创新强国，成为世界主要科学中心和创新高地，为我国建成富强民主文明和谐的社会主义现代化国家、实现中华民族伟大复兴的中国梦提供强大支撑。

以创新为第一动力引领经济发展

创新，不仅是一个国家兴旺发达的不竭动力，更是一个地区发展的第一动力。湖南要走在中部崛起前列，就要抓好创新这个第一动力，着力实施创新引领战略，重点写好“三四五”这三字文章。

所谓“三”，就是要聚焦“三个着力”，即习近平总书记参加十二届全国人大四次会议湖南代表团审议时提出的“着力推进供给侧结构性改革，着力加强保障和改善民生工作，着力推进农业现代化”。

所谓“四”，就是要构建“四大体系”，即加快构建科技文化创新体系，形成

2016年，全省深入贯彻实施创新驱动发展战略，释放科技创新潜力，为全省经济社会持续平稳健康发展提供了重要的动力引擎和支撑，实现了“十三五”的良好开局。上图为中国国内第一条自主设计、自主制造、自主施工、自主管理的中低速磁悬浮工程——长沙机场快线。中图为平均亩产再创世界最高纪录的超级杂交水稻。下图为新晋国家级高新区常德高新区创新创业产业园。

创新主体充满活力、创新链条有机衔接、创新治理更加科学、创新效率大幅提高、科技文化与经济发展高度融合的创新新格局；加快构建现代产业体系，形成以现代农业为基础、战略性新兴产业为先导、先进制造业为主导、现代服务业为支撑的产业新格局；加快构建新型城镇体系，形成以长株潭城市群为核心，以市州中心城市为主体，大中小城市和小城镇合理分布、协调发展的城镇新格局；加快构建综合交通枢纽体系，形成省内省外通道联通、区域城乡覆盖广泛、枢纽节点功能完善、运输服务一体高效、贯通南北连接东西的交通新格局。

所谓“五”，就是要建设“五大基地”，即着力打造以长株潭国家自主创新示范区为核心的科技创新基地，努力建成区域创新高地；着力打造以中国智能制造示范引领区为目标的现代制造业基地，促进“湖南制造”向“湖南智造”跨越；着力打造以精细农业为特色的优质农副产品供应基地，加快推进农业现代化；着力

·数字点击·

我省创新引领的成绩单

到2016年末，全省有国家工程研究中心4个，省级工程研究中心67个，国家（国家地方联合）工程研究中心15个，国家（国家地方联合）工程实验室32个，国家认定企业技术中心45个，国家工程技术研究中心14个，省级工程技术研究中心243个，国家级重点实验室16个，省级重点实验室164个。签订技术合同3976项，技术合同成交金额105.6亿元。登记科技成果694项。获得国家科技进步奖励成果11项、国家技术发明奖励2项、国家自然科学奖1项。超级杂交稻百亩片平均亩产1088公斤，再创世界最高纪录。研制出国内首个整列装载永磁牵引系统的列车等一批高科技产品，异种胰岛移植技术实现新突破。高新技术产业增加值6859.2亿元，增长16%。

打造以影视出版为重点的文化创意基地，推动文化创新繁荣；着力打造以“锦绣潇湘”为品牌的全域旅游基地，打造国内外著名旅游目的地。

观点·声音

创新引领、开放崛起新战略是结合湖南实际，深入贯彻落实中央五大发展理念的积极行动，是湖南放大“一带一部”新优势的重大举措，更是湖南在新的发展起点上加速跨越跃升的科学抉择。

——湖南省社科院社会学研究所所长、城市发展研究中心主任、研究员　童中贤

创新和开放战略不仅是理念设计，更需要第一时间将其落实在经济社会发展的方方面面，大刀阔斧地改革，敢于担当去尝试，在实践中开辟创新和开放的更好方向与更佳途径。

——长沙市委党校副教授　余　敏

工程机械是湖南省的支柱行业之一，不仅为全省经济发展做出了杰出贡献，也打造了一批具有国际影响力的行业品牌，这一切靠的就是创新与开放。

——三一集团职工　陈　静

以开放崛起建设内陆开放新高地

开放是湖南发展的必然要求，是实现崛起的必由之路。实施创新引领、开放崛起，落实“一带一部”区位优势，就要紧紧围绕打造内陆开放新高地这个目标，切实抓好开放发展这个“法宝”。实施开放崛起战略，就要唱好“三部曲”。

一是拓展开放发展新空间。这方面，主要是对接好国家三大重要举措，即深入对接“一带一路”，积极参与沿线国家和地区基础产业开发与基础设施建设，引导优势产能开展国际产能合作；主动融入长江经济带建设，促进与长江经济带各省市的多层次协作，加快融入沿江产业发展链；全面落实中部崛起战略，深化与珠三角、长三角、京津冀区域合作，主动争取产业辐射和联合，加强与中西部省份合作，深化与港澳台侨相关领域和国际友好城市的交流合作。

二是提升开放发展新水平。这方面，主要是在“走出去”和“引进来”上做文章。“走出去”即积极推动“湘品出境”，加快加工贸易转型升级，扩大服务贸易规模，不断做大外贸总量，提升外贸依存度和贡献率；支持装备制造、轨道交通等优势产业组建产业联盟“抱团出海”。“引进来”即积极推动“万商入湘”，着力引进资金、技术、人才和管理经验，重点引进产业集群、总部经济、研发中心、采购中心和结算中心，提升招商引资的质量与效益。

三是营造开放发展新环境。这方面，主要是在“硬件”和“软件”建设上下功夫。“硬件”即构建快捷开放通道，提升信息化建设水平，加快形成人流物流信息流快进快出、大进大出能力；优化开放平台，大力推进综合保税区等海关特殊监管区建设，积极争创自由贸

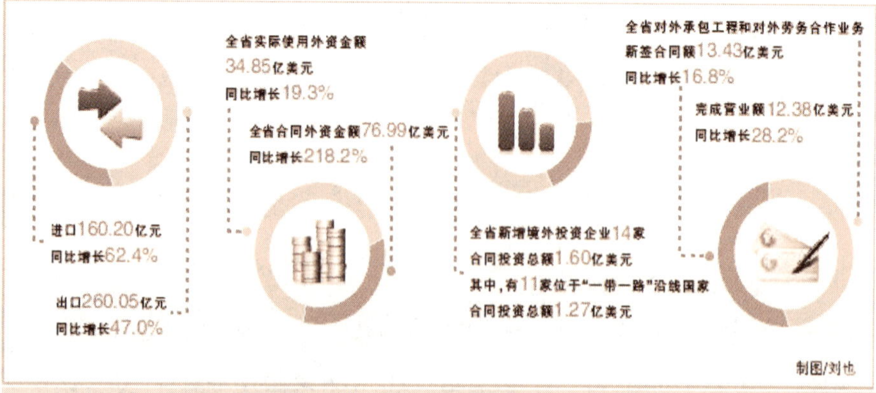

近年来，湖南省对外投资合作各项指标在全国排名靠前，已经成为中部地区发展势头最强劲的省份之一。图为2017年第一季度湖南对外经济发展概况。

我省大力加强“硬件”建设，营造开放发展新环境。图为被设计成飞机两翼形状的长沙黄花综合保税区北卡口。

易区；全面实施单一窗口和通关一体化，建立便利跨境电子商务的服务体系。“软件”即培育开放发展新理念，坚持主动开放、双向开放、公平开放、全面开放和共赢开放，增强各级领导干部服务开放的主动性，调动各类市场主体参与开放的积极性，全面提升用好国际国内两个市场、两种资源、两类规则的能力和水平；完善法治环境，切实保护各类投资者合法权益，提供便利化服务。

“一个行动胜过一打纲领。”推动湖南加快发展和转型发展，确保湖南走在中部崛起前列，毫无疑问需要每一位湖南人“撸起袖子加油干”。只要广大三湘儿女都以只争朝夕、时不我待的紧迫感，以舍我其谁、匹夫有责的责任感，在湖南创新发展和开放崛起中施展才华、锐意作为，富饶美丽幸福新湖南的美好愿景就会如期实现。

·信息链接·

推进创新发展　加快开放崛起

据《湖南省“十三五”科技创新规划》，到2020年，湖南科技创新综合实力进入全国前10位，科技进步贡献率达到60%，全面建成创新型湖南。具体指标为：全社会研发投入占GDP比重达到2.5%；每万人发明专利拥有量达到6.7件；高新技术企业达到4800家；高新技术产品增加值占GDP的比重达30%；技术市场合同交易总额150亿元。为此，“十三五”期间，湖南将实施“1105”科技创新任务，即“1个自主创新核心区、10大产业技术创新链、5大科技创新专项行动”。

按照省商务厅出台的“开放崛起‘3+5’总体方案”，到2020年，湖南开放型经济总量在全国排名接近湖南经济总量在全国的排名。为实现这一目标，湖南将全力推进“湘品出境”，引进和培育一批重点外贸平台，发展跨境电商等新兴业态，推动外贸转型升级；全力推进“万商入湘”，围绕20个重点产业链，瞄准世界500强、国内500强企业，开展全方位精准招商；全力推动“湘企出海”，推动优势产业、龙头企业、重点园区和项目参与“一带一路”建设和国际产能合作。

3

一张必须完成的历史答卷

——我省如何实现“五个强省”的发展目标

·热点导读·

省第十一次党代会提出的“五个强省”建设，承载着全省人民对美好生活的共同期盼，是一张必须完成的历史答卷。为实现“五个强省”的发展目标，我省将搞好顶层设计，确定“五个强省”建设的“大盘子”；加强精准施策，走出“五个强省”建设的“新路子”；汇聚各方力量，奏响“五个强省”建设的“合奏曲”，不断开创我省经济社会发展的新局面，早日实现“五个强省”的宏伟蓝图。

省委书记杜家毫在省第十一次党代会报告中提出，建设富饶美丽幸福新湖南，是三湘儿女对美好生活向往的集中体现，是当前和今后一个时期的发展愿景。实现这个愿景，就要推动我省向经济强省、科教强省、文化强省、生态强省、开放强省转变。“五个强省”建设，承载着全省人民对美好生活的共同期盼，是一张必须完成的历史答卷。

近年来，省委、省政府带领全省人民，大力推进“三量齐

我省大力实施创新引领、开放崛起战略，切实将“五个强省”建设落实落细落小。图为2017年4月7日，省委副书记、省长许达哲在省质监局调研，提出要以质量发展促进“五个强省”建设。

升”“四化两型”“五化同步”，实现了经济社会又好又快发展，全省综合实力明显提升，为建设“五个强省”奠定了良好的基础。站在新的历史起点，我省将落实“一带一部”区域定位，按照“五位一体”总体布局和“四个全面”战略布局，全面贯彻五大发展理念，大力实施创新引领、开放崛起战略，切实将“五个强省”建设谋深谋远谋大、落实落细落小。

搞好顶层设计，确定“五个强省”建设的“大盘子”

“五个强省”强在哪？如何强？我们不能画饼充饥，更不能搞“花架子”，而是需要进行科学的规划和顶层设计。在这方面，我省初步确定了建设“五个强省”的路线图。

一是定目标。有目标，才有奋斗的方向。建设“五个强省”，总的目标是要实现“五个显著”，即综合实力显著增强、创新能力显著提升、文化发展显著进步、生态环境显著改善、开放程度显著提高。就具体指标而言，省委、省政府提出了未来五年的发展目标：在经济方面，提出要全面建成小康社会，人均地区生产总值力争达到10000美元以上；在科技发展方面，提出全省创新综合能力进入全国前10位，科技进步贡献率达60%；在教育方面，提出全省教育发展水平和综合实力进入全国先进行列；在文化方面，提出综合实力和主要指标名列全国前茅，文化和创意产业总产值达到7500亿元左右，增加值突破3000亿元，占GDP比重达到7%；在生态环境方面，提出森林覆盖率超过59%、地级及以上城市空气质量优良天数比率超过

·深度关注·

国家“十三五”时期文化产业发展规划的主要目标

2017年4月19日，文化部在全国文化产业工作会议上正式发布《文化部“十三五”时期文化产业发展规划》，该规划明确了“十三五”时期我国文化产业发展的主要目标。

到2020年，文化产业整体实力和竞争力明显增强，培育形成一批新的增长点、增长极和增长带，全面提升文化产业发展的质量和效益，文化产业成为国民经济支柱性产业。

“十三五”期间，培育一批具有核心竞争力的文化企业，打造一批具有较强影响力的文化产品和品牌，支持实施一批具有较强带动作用的重点文化产业项目，创建一批具有显著示范效应的国家级文化产业园区，确定一批国家文化消费试点城市，打造3至5个市场化、专业化、国际化的重点文化产业展会，支持建设50个左右文化金融服务中心，培训各类文化产业人才超过5000人次。

80%等；在对外开放方面，提出湖南开放型经济总量在全国排名与湖南经济总量在全国的排名基本匹配，多层次、宽领域、全方位的立体式开放格局和开放型经济体系基本形成。

> **观点·声音**
>
> 将绿色化全面融入新型工业化、城镇化、信息化和农业现代化，推动发展从“高碳”向“低碳”方向转型，引导人们生产生活方式和消费模式向节约、绿色、文明、健康的方向转变。
>
> ——湖南省长株潭两型社会试验区工委副书记、管委会常务副主任　宋冬春
>
> 建设文化强省，在我看来应该具备这三点：强在精神、强在产业、强在人才。
>
> ——湖南大学法学院副教授　蒋海松

二是定战略。有战略才有未来。省第十一次党代会确定了我省未来五年发展的总战略是创新引领、开放崛起，创新和开放是引领我省经济发展的车之两轮、鸟之两翼，也是“五个强省”建设必须遵循的基本路径。在这个总战略下，“五个强省”建设才可能逢山开路、遇水架桥，突破发展中的阻碍和难题，积小胜为大胜，最终实现我们的远大目标。

三是定步调。“五个强省”建设涉及的五个方面，发展基础不同，发展程度相异，实现这些目标也可能有先有后、有快有慢。比如，文化强省战略在我省已实施多年，具备较好的基础，在一个较短的时期内建成文化强省是完全可能的。再比如，我省生态环境底子较好，两型社会建设先行先试，有可能在建成生态强省上先人一步。基于此，我省在差距面前不妄自菲薄，在优势面前不好高骛远，实事求是，稳扎稳打，科学确定了“五个强省”建设的阶段性目标，较为清晰

地画出了“时间表”。

加强精准施策，走出“五个强省”建设的“新路子”

宏伟的事业需要有力的抓手去推动落实。建设“五个强省”，要充分发扬湖南人民“吃得苦、霸得蛮、扎硬寨、打硬仗”的优良传统，也要与时俱进、精准发力，走出一条符合湖南特点的“强省之路”。

一是唱好转型升级的“戏”。“五个强省”建设，“经济强省”是基础。建设经济强省，必须加快经济转型升级，推动产业迈向中高端水平。我省将贯彻“中国制造2025”战略，促进“湖南制造”向“湖南智造”跨越，引导新兴产业走向“高大上”，推动传统产业焕发新生机，在加快淘汰落后产能的同时，积极培育新的增长点，推动经济建设在新常态下取得新发展。在建设“经济强省”的基础上，我

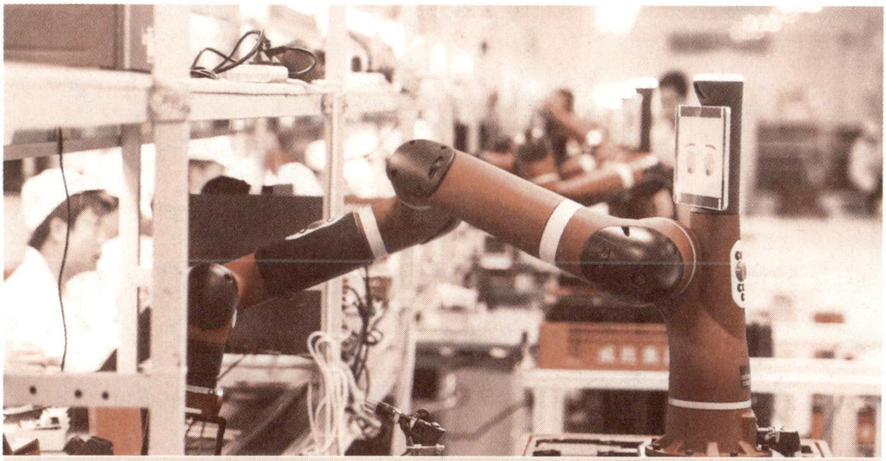

我省强化创新驱动，全面激活城市发展动力，长沙汇集全省最佳的创新转化基地，打造湖南“创新谷”。图为长沙威胜集团总装车间人机协作生产线。

省将努力打造文化强省升级版；坚持教育优先和完善科技创新体系，推动科教强省建设向更高层次发展；坚持绿色发展，加快建设天蓝地绿水清土净的生态强省；加快建设开放强省，实现更宽领域、更深层次、更高水平的开放。

二是塑好创新引领的“魂”。抓创新就是抓发展，谋创新就是谋未来。事事都有创新空间，建设“五个强省”，需要将创新贯彻到全过程、各领域。实施创新引领战略，核心内涵是以科技创新为引领，推进包括制度创新、管理创新、文化创新、产品创新等在内的全面创新；基本要求是以培育创新精神、开放意识为先导，以提高创新能力为重点，以完善体制机制为保障，充分激发全社会的创新热情；关键举措是培育发展新动力，增创发展新优势，拓展发展新空间；根本目的是做大总量、做强存量、做优增量，推动经济发展更具活力、更有效率、更可持续。

三是用好深化改革的“招”。建设“五个强省”是一项系统工程，不可能一蹴而就、一帆风顺，必定会遇到“拦路虎”和“急流险滩”，而唯有深化改革，才是有效化解“五个强省”建设路上各种艰难险阻的“关键一招”。我省将着力于强基础、推进系统改革，突出抓好供给侧结构性改革、财税体制改革、农村改革等方面；着力于解难题、聚焦专题改革，重点推进混合所有制、省直管县管理体制等领域的改革；着力于创优势、探索试点改革，着重推进我省先行先试领域的生态文明体制改革、自主创新示范区改革。

四是念好民生改善的“经”。“五个强省”的出发点和落脚点是让老百姓过上更好的生活，“强”最终必然体现在民生的改善上。建设“五个强省”，始终要把改善民生摆在突出的位置。建设“经济强省”，我省将在创造更多的就业岗位、提高老百姓收入水平、推进脱贫攻坚等方面“下力气”，让老百姓有更多的幸福感；建设“科教强省”，我省将在提高公民科学素质、促进教育公平、全面提高教育质量等方面“花功夫”，让老百姓共享科技之光和教育公平；建设“文化强省”，我省将在实施文化惠民工程、建立现代公共文化服务体系等方面“施良策”，让老百姓有更多文化获得感；建设“生态强省”，我省将在推动绿色生产、加强生态环境保护与治理、农村环境综合整治等方面“出重拳”，让老百姓共享美丽湖南好家园；建设“开放强省”，我省将在推动“湘品出境”“万商入湘”、对接“一带一路”等方面“用心思”，让老百姓在建设内陆开放新高地中获得更多创新创业的机会与空间。

·数字点击·

数读湖南省2016年开放型经济发展

2016年，全省完成进出口总额1782.2亿元。共计核准（备案）境外企业171家，合同投资总额46.96亿美元，同比增长51.7%；对外直接投资实际额16.50亿美元，同比上升11.5%。对外工程承包和劳务合作共新签合同额65.97亿美元，同比增长11.6%；完成营业额63.13亿美元，同比增长22.0%，其中对外工程承包完成营业额34.34亿美元，同比增长10.2%。全年实际使用外资128.5亿美元，同比增长11.1%；第三产业实际吸收外资增长41.5%，占比42%，比上年提高9个百分点。全年对外直接投资16.5亿美元，同比增长11.5%。

我省汇聚众智，共奏“五个强省”建设“进行曲”。湖南省电子商务大会为传统企业的全面转型、跨境电商、线上线下的全面打通搭建了一个信息和资源共享的平台，加快了湖湘企业与世界接轨的步伐。图为2017年6月23日，第六届湖南省电子商务大会在长沙召开。

汇聚各方力量，奏响“五个强省”建设的“合奏曲”

一代人有一代人的梦想，一代人有一代人的使命。建设“五个强省”的任务历史性地落在了当代湖南人的肩上，全省人民共同努力，各方力量合力支持，才能唱出“五个强省”“合奏曲”的最强音。

一是党委、政府“领唱”。在建设“五个强省”的历史征程中，各级党委、政府要开好头、起好步，干在实处、走在前列，以更加坚定的信心、更加昂扬的斗志、更加务实的作风、更加爱民的情怀，常思“五个强省”建设之计，多汲“五个强省”建设之智，大聚“五个强省”建设之力，引领“五个强省”建设之歌唱得铿锵悦耳。

二是人民群众“主唱”。人民群众是历史的创造者。“五个强省”是湖南人民共同的事业，突出人民群众的“主唱”角色，我们的事业就能取得一个又一个胜利。三湘儿女要以等不起的紧迫感、慢不得的危机感、争一流的使命感，让激情在三湘大地上燃烧，让汗水在三湘大地上挥洒，“撸起袖子加油干”，共同创造富饶美丽幸福新湖南的美好明天。

三是各方力量“伴唱”。众人拾柴火焰高。建设“五个强省”需要动员一切可以动员的力量，不管是在湖南的外地人，还是在外地的湖南人，甚至是在境外的各方力量，都可以为我所用，为建设“五个强省”贡献自己的聪明才智，为“五个强省”唱出自己动听的“和声”。

“一万年太久，只争朝夕。”当前，三湘大地进入了一个激情燃烧、充满希望、大有可为的新时期，全省人民要发扬“心忧天下、敢为人先、经世致用、坚韧不拔”的湖湘精神特质，用智慧和汗水不断开创我省经济社会发展的新局面，把“五个强省”的宏伟蓝图早日变成现实。

·信息链接·

开启科技强省新征程

——湖南省“十三五”科技创新规划

未来五年，我省科技创新发展的总体部署——

打造1个核心区：长株潭国家自主创新示范区。

构建10大领域产业技术创新链：围绕高端装备制造、新材料、新一代信息技术、新能源、现代农业、人口健康、资源与环保、文化创意、公共安全与应急、现代服务业10大重点产业，系统制定技术创新方案，促进产业链、创新链、资金链、服务链“四链融合”。

实施5大科技创新专项行动：一是实施前沿科技引领行动；二是实施科技重大工程和专项推进行动；三是实施人才培育与平台建设行动；四是实施创新创业促进行动；五是实施区域创新协同行动。

4

转型升级“进行时”

——我省如何建设现代制造业基地

·热点导读·

在工业4.0的浪潮下，我省采取多种措施推动产业转型升级，打造以中国智能制造示范引领区为目标的现代制造业基地。一、巧借对接“中国制造2025”战略的东风，搭好“架子”、开动脑子、用好钱袋子。二、抓住现代产业体系提升的关键，注活力、强基础、“健筋骨”。三、打造创新驱动的引擎，“铺好台子”、找准“位子”、“扩路搭桥”、“盯住”关键。四、架好人才支撑的梯子，让队伍壮起来、钱包鼓起来、机制活起来。

“打造以中国智能制造示范引领区为目标的现代制造业基地，紧扣湖南工业特色，契合时代发展趋势，是对湖南制造业的最佳诠释和定位，令人振奋，鼓舞人心。”这是湖南企业家从省第十一次党代会的直播中听到“建设现代制造业基地”等佳音后的肺腑之言。湖南经过多年发展，已具备一定的工业基础和实现更高水平发展的条件。一年之计在于春，我省在工业

4.0的浪潮下，落实省第十一次党代会精神，实现现代制造业基地建设的转型升级，新局如何开？路径怎么走？且看湖南在行动。

一、巧借对接“中国制造2025”的东风

无“工”不强。湖南的开放崛起，离不开作为工业4.0重要表达的现代制造业这根脊梁。制造业是湖南传统优势产业，但在经济新常态下也面临新的挑战。在“中国制造2025”部署全面推进的背景下，我省如何借好这股“东风”，改变制造业大而不强的现状，实现从“湖南制造”向“湖南智造”跨越的新课题呢？首先，搭好“架子”。在对接“中国制造2025”战略上，成立了以省长为组长的领导小组，有

我省设立了制造强省专项资金，对于重点项目、重点企业给予支持和扶持。图为长沙市重点项目中兴通讯长沙基地（长沙中兴智能技术有限公司）。

2017年，我省继续实施积极的财政政策，为转型升级、动力接续提供政策引导和财力支撑。

30多个部门参与；出台了贯彻“中国制造2025”建设制造强省五年行动计划，部署了“1274”行动推进制造强省建设，“12”就是12个产业，“7”就是7个专项行动，“4”就是4个标志性的工程。其次，开动脑子。传统的制造业要想转化就需理念先行，企业家，尤其是龙头企业家要有“湖南智造”的意识和理念；要将高科技、网络技术、信息技术、人工智能等一系列智能技术融入传统制造领域的设计、研发、生产过程、售后服务等各个

·关键词·

智能制造

智能制造是指具有信息自感知、自决策、自执行等功能的先进制造过程、系统与模式的总称。具体体现在制造过程的各个环节与新一代信息技术的深度融合，如物联网、大数据、云计算、人工智能等。智能制造大体具有四大特征：以智能工厂为载体，以关键制造环节的智能化为核心，以端到端数据流为基础，以网通互联为支撑。

环节中；鼓励广大企业家、广大企业、广大创业人员通过创新创业参与到“智造”过程中，为他们提供一个广阔的舞台。最后，用好钱袋子。我省设立了制造强省专项资金，对于“1274”行动中的一些重点项目、重点企业给予支持和扶持；设立新兴产业基金，主要支持现代制造业的发展；吸纳企业和社会资源、资本参与智能化改造，同时政府也将给予一定的支持。

二、抓住现代产业体系提升的关键

建设现代制造业基地，提升现代产业体系是关键。我省如何拧住这一关键环节，抢抓长株潭衡获批“中国制造2025”试点示范城市群的重要机遇，加快推进“制造强省”建设呢？一是注活力。产业转型升级是构建现代产业体系的重中之重。湖南产业结构的优化升级既要

我省加快制造业创新基地、创新平台建设，打造创新驱动引擎。图为长沙市高新区麓谷大道旁分布的众多高科技创新企业。

顺应大环境发展趋势，又要立足湖南实际。要壮大产业的种群基础，做大龙头企业，通过龙头企业的牵引，带动整个产业链的延伸，以形成一个更强的产业集群；做长产业链，加快产业的跨界融合发展，带动相关生产性服务业的发展，在现代产业体系中形成强大的竞争力。二是强基础。我省将加强对重点项目、重点企业、重点产业和新增长点的精准调度，通过开展百户大型骨干企业精准帮扶和扶持小微企业、新兴优势产业链对接合作等

·深度关注·

“中国制造2025”取得积极进展

据2017年5月24日国务院新闻办公室举行的国务院政策例行吹风会介绍，《中国制造2025》自发布实施两年以来，各项工作取得了积极进展。

一是顶层设计基本完成，形成了以《中国制造2025》为引领，11个专项规划为骨干，重点领域技术路线图、工业“四基”发展目录等绿皮书为补充，各地落实文件为支撑，横向联动、纵向贯通、各方面协同的政策体系。

二是工业基础能力稳步增强。一批核心基础零部件、关键基础材料、先进基础工艺等“卡脖子”问题得到初步解决，产业技术基础不断夯实。

三是智能制造水平继续提升。标准体系框架初步建立，建成一批智能化工厂、数字化车间。重点行业数字化研发设计工具普及率、数字化生产设备联网率明显提升，个性化定制、协同研发制造快速兴起。

四是创新体系建设深入推进。成立了首家国家制造业创新中心——动力电池创新中心，增材制造创新中心也已粗具雏形。培育建立了19家省级创新中心。制造业与互联网融合不断深化，基于互联网的创业创新载体不断涌现。

五是质量品牌建设取得新进展。产品实物质量不断提升，原材料、重大装备等领域部分产品质量接近国际先进水平，企业和产业集群品牌培育成效显著。

六是城市试点示范开局良好。批复同意宁波等12个城市和4个城市群为“中国制造2025”试点示范城市（群）。各试点城市结合实际推出了一系列创新举措，在转型升级新路径、新模式上作出了有益探索。

下一步，将择优创建一批“中国制造2025”示范区，争取在金融、土地、人才以及改革创新等方面予以积极支持。

行动，来促进制造业稳步增长；以消费品领域为突出重点，大力实施增品种、提品质、创品牌"三品"专项行动；深入推进制造业领域供给侧结构性改革，坚决完成"三去一降一补"相关任务。三是"健筋骨"。我省将在传统产业领域实施一批技改项目，裂变一批新兴业态，培育新的增长点；推进新兴优势产业链发展计划，加快培育发展高端制造业，做强做大新材料、节能环保和通用航空等产业，形成新的产业支撑；力争在先进轨道交通装备（含磁浮）、先进储能材料及电动汽车、3D打印及机器人、航空航天（含北斗）、中药等产业链实现率先突破；支持建设一批智能制造示范企业和示范车间，培育推广智能制造新模式，打造先进轨道交通装备、工程机械等一批在全国乃至全球都具有影响力的现代制造业基地。

观点·声音

智能制造是制造业发展的必然趋势，也是经济新常态下推动供给侧结构性改革、打造新的竞争优势的必然选择。

——湖南省经信委副主任　殷林波

建设现代制造业基地，打造中国智能制造示范引领区，这一目标具有前瞻性、创新性、针对性和导向性，有利于建设绿色化、集约化和智能化现代产业体系。

——湖南师范大学经济学教授　刘茂松

三、打造创新驱动的引擎

俗话说："工欲善其事，必先利其器。"创新驱动是制造业发展壮大的根本出路和强劲动力，要成"建设现代制造业基地"的大事，就必须磨快"创新"这把刀子。一是要"铺好台子"。以长株潭自主创新示范区建设为契机，加快制造业创新基地、创新平台建设，支持创建一批国家级技术创新平台，引导各类创新资源和要素向核心关键环节集中，抓紧突破一批共性技术、核心技术和重大关键技术，建设一批促进制造业协同创新的公共服务平台，建立一批从事技术集成和工程化的中试基地，培育一批创新创业的领军人才。二是要找准“位子”。推动落实企业创新主体地位，使工业企业真正成为技术创新决策、研发投入、科研组织、成果转化的主体，加强企业在模式创新、技术创新、管理创新上的创新力度，推进产学研用相结合。三是要“扩路搭桥”。继续实施“315”创新计划，每年支持30项重大关键共性技术攻关和100项重点新产品开发、100项重点专利技术转化，认定和奖补首台（套）重大技术装备和首批次重点新材料各50项左右。四是要“盯住”关键。融合发展是制造业转型升级的核心和关键，只有发挥我省在两化融合、智能制造方面的优势，找准着力点，积极探索两化融合、军民融合、产业跨界融合，最大限度地发挥出“1+1＞2”的乘数效应，才能走出一条具有湖南特色的融合发展、转型升级之路。

四、架好人才支撑的梯子

“治国经邦，人才为急。”湖南转型升级为现代制造业基地之路开弓没有回头箭，要把人才作为支撑制造业发展的关键资源。接下来我省应当怎样做呢？一是让队伍壮大起来。用好本地人才，大力培育和引进一批领军人才、紧缺人才、技能人才和知名企业家；支持建设企业大学、创客学堂等新型社会教育培训机构，不断壮大众创队

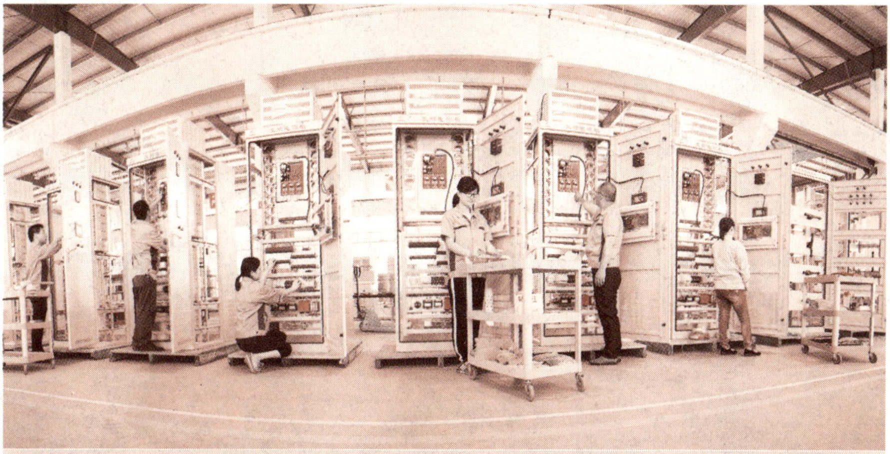

我省把人才作为支撑制造业发展的关键资源。图为2017年5月16日，湖南中科电气股份有限公司的工人在组装由湖南大学和中科电气股份有限公司联合开发的冶金特种大功率电源柜，其多项性能指标优于国内外同类装备。

伍，营造众创声势，提升全域创新创业浓度；强化与国际学术组织、行业协会、专业学会的紧密合作，制定政策，鼓励多方力量参与人才引进。二是让腰包鼓起来。进一步提高企业技能人才的经济待遇和社会地位，健全收入分配激励机制；鼓励各类企业和高校、科研院所根据发展需要，设立人才发展专项资金；鼓励省市区县围绕各自产业人才需求建立引才奖补制度，对引进高层次人才的企业和单位，通过跟奖、跟补等方式，在引才投入、租房补贴、项目资助等方面给予大力支持；建立或完善企业高层次人才引进而支付的一次性住房补贴、安家费、科研启动经费等费用的所得税税前抵扣制度等。三是让机制活起来。建立现代制造业人才统计监测制度，对人才规模和素质、人才“引培用”以及人才载体建设等情况进行动态监测；加快人才管理改革试验区建设，推进人才管理制度创新，形成一批可复制、可推广的改革经验；选取部分高校、科研单位开展人才综合改革试点，探索更加开放高效的人才引进、培养、使用、激励机制。

势已成，谋天下。丙申猴年的奋斗仍历历在目，丁酉雄鸡早已报晓。湖南这片沃土正成为中部崛起的重要增长极，明天，这只现代制造业雏鹰将变身产业大鹏扶摇于建设富饶美丽幸福新湖南的九天云霄。

·信息链接·

湖南制造强省建设“1274”行动

《湖南省贯彻〈中国制造2025〉建设制造强省五年行动计划（2016—2020）》提出，全面推进“1274”行动。“1274”行动指发展12大重点产业、实施7大专项行动和打造4大标志性工程。

发展12大重点产业，包括先进轨道交通装备、工程机械、新材料、新一代信息技术产业、航空航天装备、节能与新能源汽车等汽车制造、电力装备、生物医药及高性能医疗器械、节能环保、高档数控机床和机器人、海洋工程装备及高技术船舶、农业机械等，力争到2020年实现其主营业务收入年均增长12%左右，提升制造业质量竞争力。

实施7大专项行动，包括制造业创新能力建设工程、智能制造工程、工业强基工程、绿色制造工程、中小企业“专精特新”发展、制造+互联网+服务工程、高端装备创新工程，力争形成1～2家国家级制造业创新中心，建成一批智能制造示范企业和智能制造示范车间，培育1000家省级“专精特新”示范企业。

打造4大标志性工程，包括标志性产业集群、标志性产业基地、标志性领军企业、标志性品牌产品，努力形成20个标志性产业集群、20个标志性特色产业基地、50家标志性领军企业、50个有影响力的标志性品牌产品。

5

让"湘字号"农产品卖得更好

——我省如何推进农业供给侧结构性改革

·热点导读·

2017年2月公布的中央一号文件为我省农业发展带来了深刻变革的良机，也为农产品走俏市场带来了重大利好。我省将加快推进农业供给侧结构性改革步伐，从四个方面发力，让"湘字号"农产品卖得更好：一是以"优"字为先，调出新型产业格局；二是以"改"字为先，扭转粗放生产方式；三是以"强"字为先，补齐农业发展短板；四是以"好"字为先，保护农业资源环境。

2016年，湖南的农产品市场可谓波澜起伏。作为大宗农产品的稻谷，主要依赖政府托市收购，稻谷最低收购价预案连续启动，大量早籼稻压库，全省粮食"高仓满储"；柑橘、香芋、茭白、葡萄等农产品相继滞销；生猪价格大起大落，2016年虽然一路攀升，却是上一轮猪价超跌导致散养户和小规模户弃养的结果……种种市场信号表明，我省的粮食生产、经济作物、畜牧水产等都存在结构性矛盾，而问题又

我省大力推动“湘品出湘”“湘品出境”，“湘字号”农产品市场占有率逐年上升。图为2017年6月8日，2000多种“湘字号”名优特产品在深圳“湘飘天下——湖南省名优特产品展销中心”集中展示展销。

主要出在供给侧。如果农产品供给不能走出“多了少、少了多”的怪圈，生产与市场长期脱节，农产品就难以卖出好价钱。

2017年2月，中央一号文件《中共中央国务院关于深入推进农业供给侧结构性改革加快培育农业农村发展新动能的若干意见》公布，为湖南农业发展迎来了深刻变革的良机，为农产品走俏市场带来了重大利好。根据这一要求，我省也加快推进农业供给侧结构性改革步伐，着力从四个方面让“湘字号”农产品卖得更好。

以“优”字为先，调出新型产业格局

从种植结构来看，湖南农业一粮独大，经济作物的产值虽占种植

业的七成，面积却只占三成；养殖业一猪独大，市场需求旺盛的牛、羊、名特优水产供给不足。许多大路货农产品，你有我有大家有，旺季旺得滞销，淡季淡得脱销。这种局面不改变，"湘字号"农产品就难以卖到好价钱。

·深度关注·

2017年中央一号文件再度锁定"三农"

2017年2月5日，中共中央、国务院公开发布《关于深入推进农业供给侧结构性改革加快培育农业农村发展新动能的若干意见》，这是21世纪以来，党中央连续发出的第14个指导"三农"工作的一号文件。该文件立足"三农"发展新形势，突出强调以推进农业供给侧结构性改革为主线，加快培育发展新动能，并提出了一系列新政策、新举措。全文包括：优化产品产业结构，着力推进农业提质增效；推行绿色生产方式，增强农业可持续发展能力；壮大新产业新业态，拓展农业产业链价值链；强化科技创新驱动，引领现代农业加快发展；补齐农业农村短板，夯实农村共享发展基础；加大农村改革力度，激活农业农村内生发展动力。

为此，我省将对症下药，按照"产业链调长、质量调优、效益调高"的目标，调出新型产业格局。其中，粮食生产主推优质稻，2017年高档优质稻将发展到1000万亩，通过"良田、良法、良制"，引领农民把田种出效益来；经济作物突出"优质、精细、高效"，重点围绕蔬菜、油料、茶叶、水果、食用菌、中药材等特色产业，建设一批标准化产业园区；立足特色经济作物，打造有影响力的品牌，推动"湘品出湘""湘品出境"，提高"湘字号"农产品市场占有率；养殖业则"稳猪、保禽、促牛羊水产"，推广种养互促、种养平衡的生产模式，稻鱼、稻虾、稻鳅、稻鳖、稻蛙等综合种养2017年要新增100万亩。同时，我省还将通过延长产业链条，实现环环增收。比如，推进现代农业“千园工程”，在全省培育900个特色产业园、100个综合产业园；重点抓好“百企”培育，提质升级粮食、畜禽、果蔬三大千亿产业，让农产品通过精细加工增值不愁卖；扶持家庭农场，发展休闲度假、旅游观光、森林康养以及创意农业，通过拓展农业的功能来实现增收。

以“改”字为先，扭转粗放生产方式

湖南的传统农业，在生产上存在高投入、高成本、高消耗的问题。以往在过度追求产量的刺激下，农业生产实行的是大肥、大药、大水的粗放式生产，不但增加了成本、降低了效益，还浪费了资源，影响了生态环境。

为扭转粗放生产方式，我省将着力推进精细农业，实施化肥农药零增长、测土配方施肥、节水农业示范等行动，大力发展无公害、绿

我省按照精细农业发展的要求，科学统筹谋划，精准施策、精准发力，积极推进质量兴农和农产品质量安全工作。图为2017年3月13日至14日，湖南省质量兴农工作会议暨委市共建农业标准化总结会议在怀化召开。

色、有机农产品认证和地理标志农产品。现在，全省出现令人可喜的局面，绿色食品认证已突破1000个，"三品一标"农产品畅销国内外市场。随着种粮大户、合作社等新型经营主体的崛起，新型农民千方百计地降成本，主要依靠"三条腿"：其一，依靠规模化生产经营，一个人管理上百亩，降低管理成本；其二，采用机械化种地，劳动不再"三弯腰"，提高了耕作效率，降低了人工成本；其三，推进标准化、精细化生产，节省种子、肥料等投入品，降低物化成本。成本降低了，市场竞争力提升了，价格自然也就会卖得好了。

·数字点击·

我省2016年"三农"发展成效

2016年，湖南粮食总产量稳定在600亿斤左右，农产品加工业实现销售收入1.35万亿元，双季超级稻年亩产量又创世界纪录。全省农产品例行监测合格率达到98%。

农村居民人均可支配收入达到11930元，比上年增长8.5%。累计认定家庭农场15749家、农民合作社55919个，新型职业农民累计发证人数达到30352人。

全省共完成农村人居环境整治村4118个，创建美丽乡村示范村304个。

以"强"字为先，补齐农业发展短板

作为"杂交水稻的故乡"，我省的农业科研创新虽一直在全国领先，但转化率却不高，只有60%左右。农机化设施建设滞后，许多地方由于田间没有机耕道，农业机械"下不了田"；种田大户抱怨缺少机库棚，农业机械"回不了家"；社会化服务不完善，大户种田积极性受到限制。这些短板不补齐，农业效益就难以提高。

观点·声音

农业现代化是一项巨大的系统工程，需要下大力气分区域、分阶段、分层次稳步推进。在经济发展新常态下，面对农业农村发展的新形势新特点，要坚持问题导向，找准并补齐农业现代化的短板。

——中国社会科学院农村发展研究所所长、研究员　魏后凯

贯彻落实中央精神，必须着眼于湖南的客观实际，全面优化湖南农业发展总体布局：一是优化湖南农业区域结构；二是优化湖南农业品种结构；三是优化湖南农业产业结构。

——湖南省社会科学院研究员、湖南省重大决策咨询智囊团专家　陈文胜

猕猴桃是水果之王。超市里摆放的新西兰猕猴桃论个卖，一个五六元钱。而湘西红心猕猴桃则是论斤卖，价格只有进口猕猴桃的五分之一，甚至十分之一。这个现象反映了湖南农业在品质和价值上的短板。

——全国人大代表　田儒斌

为补齐这些短板，我省将通过进一步加快科技创新联盟建设，打造省级现代农业产业体系，走产学研用一体化之路，来提高农业科技创新力和成果转化率。2017年以来，我省已经采取了一系列的举措：在洞庭湖区实施农业机械化提升工程，让农机“下得了田”“回得了家”；推进农业信息进村入户，加强物联网、智能装备的推广应用；实施“互联网+现代农业”行动，让大山深处的农产品亲密“触网”，走出“深闺”不愁卖；培育新型职业农民成为科技种田的主力军，计划到“十三五”末，培育持证新型职业农民30万人左右；省供销社推进土地托管，为农民提供田间服务，种粮大户既可以购买全套服务吃“套餐”，也可以只买单项服务吃“点菜”。目前，土地托管服务已发展到300多万亩，科技入田呈加快势头。

为补齐农业发展短板，我省全力实施"互联网+现代农业"行动。图为2017年3月11日，"互联网+现代农业"高峰论坛在长沙召开，湖南省农业委员会与中国邮政集团公司湖南省分公司等签订战略合作协议。

以"好"字为先，保护农业资源环境

优质农产品生产需要好的产地环境，农业可持续发展离不开良田沃土。而传统农业的粗放模式，只取不予的掠夺式经营，往往就会导致耕地地力下降。据估算，全省约有1/4的农田灌溉水和18%的农田受到不同程度的污染。

面对农业资源环境频亮的"红灯"，我省要求各级各部门要牢牢树立"绿水青山就是金山银山"的理念，着力保护和治理好农业资源环境。其一，留住一方好地。保护永久性基本农田，建设3316万亩高标准农田；爱惜耕地，实施沃土工程，用有机肥代替化肥，用地不忘

我省深入实施“百城千镇万村”新农村建设工程。图为我省准备重点抓好的332个美丽乡村示范村之一——浏阳市永安镇坪头村。

养地；治理耕地重金属污染，开展生态修复与治理，为农业发展夯实基础。其二，留住一汪好水。我省将继续开展湘江治理“一号重点工程”的二期工程；2017年又在全省10座大型水库实施退养，科学划定畜禽养殖的禁养区、限养区、适养区，治理畜禽粪污，改良水质保生态。其三，留住一个好环境。深入实施“百城千镇万村”新农村建设工程，按照布局美、产业美、环境美、生活美、风尚美的“五美”要求，到2020年，要创建2000个美丽乡村示范村。

俗话说：“无农则不稳。”农业是国之根本，加快推进农业供给侧结构性改革，是我省农业强起来、农民富起来的重大举措和重要方向。我们相信，只要坚持调结构、转方式、补短板、优环境，湖南的农业就一定会破解成本与价格的“双重挤压”、资源与环境的“双重约束”，走出一条数量与质量并重的可持续发展的新路子，优质农产品在家门口就能卖个好价钱，农民的腰包也会越来越鼓。

·信息链接·

湖南立足“六个着力”推进农业供给侧结构性改革

贯彻落实中央一号文件精神，湖南着力从六个方面下功夫，推进农业供给侧结构性改革。

一、着力调优农业结构。集中力量建设粮食核心功能区；推进畜禽养殖由高密度地区向湘西、湘南等养殖低密度、环境承载能力较强的地区转移。

二、着力提升农业竞争力。通过新型经营主体引市场，通过三产融合拓市场，通过对外交流合作占市场，加快推进农业组织化、合作化、市场化。

三、着力推行绿色生产方式。把耕地利用强度减下来，把农业面源污染控制住，把耕地重金属污染治理试点开展好，把农业标准化水平提上来，大力推进清洁化、标准化生产。

四、着力强化农业发展要素支撑。集聚种业、科技、农机、信息等现代农业生产要素，切实增强农业发展核心竞争力。

五、着力补齐农村发展短板。从长远处着眼，于精细处着力，突出“三抓”：抓品牌农业、抓美丽乡村建设、抓产业扶贫。

六、着力深入推进农村改革。推进农村土地“三权分置”，真正让农户的承包权稳下去、经营权活起来，让沉睡的农村土地资产醒过来。

6

让“潇湘号”动车飞驰在三湘大地

——“两小时高铁经济圈”如何改变你我的生活

·热点导读·

省第十一次党代会提出，我省将优化交通格局和空间结构，进一步完善高铁网络，让湖南14个市州都通上高铁，形成以长沙为中心、拥有8个通道的大网络高铁格局，构建“两小时高铁经济圈”。“两小时高铁经济圈”的形成，将让湖南的出行更便捷、要素配置更合理、开放的步伐更快，人们的生活品质明显提升、产业发展明显升级、区位条件明显优化。

“以前，从长沙到怀化要坐一通宵的火车，还经常没有座位，现在好了，每天有十几趟高铁，最快的只要80多分钟，我现在可以每周回家看父母，两边来回谈业务也更方便了。高铁，真的改变了我的生活。”老家在怀化，现在在长沙做水果批发生意的李先生感慨道。

与李先生的感慨一样，被高铁改变生活的7300万湖南人民，这几年都深深感受到了快速发展的高铁所带来的巨大变化。当前，我

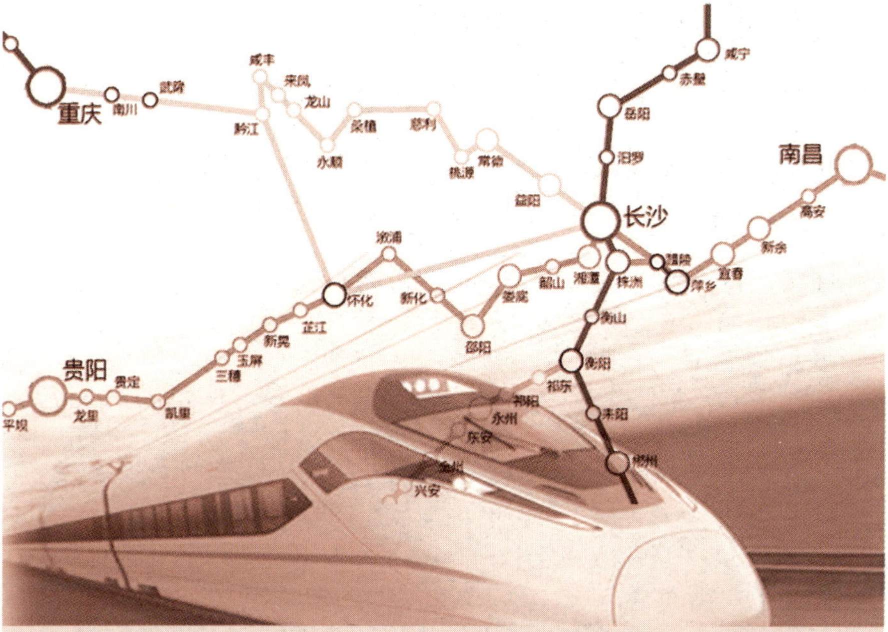

湖南省将进一步完善高铁网络，形成以长沙为中心的大网络高铁格局，构建“两小时高铁经济圈”。图为湖南省高铁规划路线图。

省已经建成高铁1378公里，在建高铁918公里，境内高铁覆盖率达到70%以上，全省14个市州有10个开通了高铁，湖南正大步迈入“高铁时代”。省第十一次党代会提出，我省将优化交通格局和空间结构，进一步完善高铁网络，让湖南14个市州都通上高铁，形成以长沙为中心、拥有8个通道的大网络高铁格局，构建“两小时高铁经济圈”。这无疑将为我省经济社会的发展提供更强大的引擎，使“潇湘号动车”具备更有激情的“速度”。那么，“两小时高铁经济圈”到底会如何改变你我的生活呢？

出行更便捷，生活品质明显提升

在高铁没有出现之前，人们选择的出行方式一般是飞机、火车或汽车，其中最为快速的是飞机。但因航班有限、机场较远、经常延误、票价较高等原因，让坐飞机出行这一方式受到了一定限制。高铁出现后，其快速、舒适、准点、经济等特点，让大家的出行变得更为快捷，也让人们路途中的幸福指数大为提升。

更重要的是，高铁带来了我们生活品质的提升。我们的生活方式在一定程度上受限于地理空间。比如，为了上班方便，我们要选择离上班地点更近的住所；为了入学方便，我们要选择离学校最近的房子；为了生意方便，我们要选择离市场最近的地点。而很

·深度关注·

建设现代化综合交通运输体系　深化泛珠三角区域合作

由国务院发布的《深化泛珠三角区域合作的指导意见》提出，泛珠三角区域包括福建、江西、湖南、广东、广西、海南、四川、贵州、云南等九省区（以下称内地九省区）和香港、澳门特别行政区（以下统称“9+2”各方），是我国经济最具活力和发展潜力的地区之一，在国家区域发展总体格局中具有重要地位。按照“五位一体”总体布局和“四个全面”战略布局，要求推动珠江—西江经济带和跨省区重大合作平台建设，促进内地九省区一体化发展，深化与港澳更紧密合作，构建经济繁荣、社会和谐、生态良好的泛珠三角区域。要建设现代化综合交通运输体系，强化区域内各种运输方式的衔接和综合交通枢纽建设，构建安全、低碳和便捷的综合交通运输体系，增强对区域发展的支撑能力。加快已列入《中长期铁路网规划》的铁路项目建设，提高区域内以及与周边省（区、市）和国家（地区）的互联互通水平。

长沙以火车南站为中心打造高铁经济圈，便捷的交通给人们的出行带来了全新体验。图为从空中俯瞰长沙南站，一列高铁列车正缓缓驶出站台。

多单位、学校及市场，都集中在中心城市。为此，人们都往中心城市挤，城市的空气质量越来越差、交通越来越拥堵，人们的生活指数不升反降。随着高铁的开通，特别是随着我省“两小时高铁经济圈”的形成，一地工作但异地买房、一地居住但异地就读、一地生活但异地享受的情况将不再是梦想。比如，住在岳阳但在长沙工作的人，有了高铁之后，早上照样可以在长沙准点上班，晚上还可以回家吃晚饭。又比如，为了品尝各地的美食，你可以早上在长沙吃“糖油粑粑”、中午在邵阳尝“猪血丸子”、晚上到怀化品“芷江鸭”。可以说，高铁缩短了我们的距离感，改变了我们的时空观，为人们生活品质的提升奠定了很好的基础。

要素配置更合理，产业发展明显升级

俗话说，“要想富，先修路”。交通条件的便利与否，对一个地区的经济社会发展有着深刻的影响。在以火车和汽车为主要交通工具的时代，凡是通铁路、通高速公路的地方，往往都能得到更好更快的发展。比如，株洲和怀化被称为“火车拉来的城市”，遍及全省的高速公路网也带来了全省经济社会的大发展。而高铁的到来所带动的高铁经济，成了新一轮经济提质加速的增长点。

如果说，一条铁路可以孵化一个城市，那么，一条高铁则能让这种孵化升级。目前，我省以省会长沙为中心，与省内其他城市的“1～2小时高铁交通圈”正在加快形成，沿线各城市的“同城效应”更加明显，区域文化圈、经济圈、产业圈的形成已经成为必然。高铁不仅带动了沿线一大批中小城市的发展，也实现了沿线一大批产业的重新布局和资源要素的重新配置。当前，我省文化旅游产业的井喷、轨道交通产业的

·数字点击·

高铁上的湖南

京广、沪昆高铁线，连南北、接东西，呈十字形贯穿湖南，覆盖湖南73.9%的国土面积、78.6%的人口、87.2%的经济总量，连接全国18个省市区。湖南与“北上深广”形成了5、4、3、2小时工作、生活圈。目前，湖南境内14个市州中已有10个开通高铁，“湖南两小时经济圈”正在成型。2017年暑期，湖南地区高铁18个站暑运期间预计发送旅客1200万人，同比增加137.74万人，增幅13%，日均发送19.35万人，最高峰7月15日发送23万人，其中长沙南站预计发送旅客620万人。

2016年1月6日，娄邵铁路正式开通，长沙至邵阳市区仅需一个半小时，至此，湖南省"两小时高铁经济圈"已成型。图为娄邵铁路新线正式开通运营后从邵阳发往长沙的第一列高铁动车，乘客在到达长沙后兴奋地与列车合影留念。

发展，高铁在其中所作的贡献是不言而喻的。下一步，我省还将进一步打造高铁经济带，依托高铁网络，带动周边地区一体化发展，打造轨道交通产业集聚区，通过龙头企业，带动产业链发展。届时，湖南将不仅仅是轨道交通的发源地，也是高铁建设的开启地，更是高铁经济的新高地。

开放的步伐更快，区位条件明显优化

湖南是一个典型的内陆省份，在加快开放发展的过程中，面临着不沿边、不沿海的区位掣肘。很多好的产品因此找不到好的销路，很多好的项目也因此引不进来。而高铁的出现，不仅缩短了我省与珠三角、长三角的时空距离，也悄然改变着我省在中部乃至全国经济版图上的坐标定位。

2296公里、“两纵两横”、四通八达的高铁网络，内陆湖南与经济发达地区更紧密地对接了起来，从长沙到广州只要2个多小时，从长

观点·声音

现在全国高铁是八纵八横，而湖南则是两纵两横，高铁改写了湖南在中国版图的地位，强化了湖南的交通枢纽地位、辐射集聚能力及后发赶超的优势。可谓大腹地，又为大通道。

——湖南省委常委、省委秘书长，省政府副省长　谢建辉

沪昆高铁长怀段建成后，将改善湖南乃至整个中东部地区的铁路路网格局，释放沪昆铁路湖南段运能，加快中部地区人员和物资等经济要素流动，推动沿线地区经济快速发展。

——中南大学教授　付　卓

以前走高速公路回郴州要4个多小时，现在我每周都能回家看父母，有时候都感觉不到是在不同的城市了。

——网友　@万宝宝的姐姐

2016年 12月28日，沪昆高铁全线贯通，从长沙到上海5小时、到昆明6小时，进一步拉近了我省与其他省会城市的时空距离。图为第一趟由长沙开往昆明的G4121次高铁动车。

轨道交通，改变世界。2016年11月28日，中国（长沙）国际轨道交通博览会暨高铁经济论坛在长沙国际会展中心开幕。图为市民在长沙国际会展中心参观展位。

沙到杭州只要4个多小时，从长沙到上海只要5个多小时……湖南将更高速地与这些地方连通，这些地方的资本、技术、人才等要素也将更高速地向我省流动。可以说，高铁不仅强化了湖南交通枢纽的地位，更强化了湖南辐射集聚的能力，内陆湖南后发赶超的基础更稳固、动力更强劲，优势也更明显。高铁，使得长沙一跃成为高铁枢纽城市，湖南也由此改变了不沿边、不沿海的内陆状况，成为开放的前沿之一。

速度不仅带来激情，更会带来梦想。高铁这一“贴地飞龙”所改变的，不仅仅是我们的出行速度，更是湖南的发展步伐。毫不夸张地说，高铁已经成为湖南经济发展的强劲“新引擎”，必将带动着湖南这辆“潇湘号动车”跑得又稳又快。

·信息链接·

湖南强化铁路运输网

根据湖南省“十三五”规划纲要，至2020年，全省将强化铁路运输网，形成“两小时高铁经济圈”。

加快怀邵衡、黔张常等快速铁路，蒙华等铁路新线，洛湛、渝怀、湘桂等既有线扩能改造项目建设，规划建设常德至岳阳至九江铁路、兴义至永州至郴州至赣州铁路、安康至张家界至衡阳铁路，规划研究襄阳至常德至永州至南宁高铁通道、石门至慈利至张家界、铜仁至吉首高铁连接线等项目，重点推动时速250公里及以上的张家界至吉首至怀化铁路、渝长厦铁路（常益长段、长沙至赣州段）等建设，实现高铁覆盖所有市州，形成全省“两小时高铁经济圈”及以长沙为中心，由怀邵衡、张吉怀、黔张常、常益长、沪昆客专、武广客专组成的高铁环线。

完善全省铁路站场配套设施，建设具有增值服务功能的铁路客货运中心。到2020年，铁路通车里程达到6000公里左右，形成布局合理、安全高效、结构清晰、功能完善、衔接顺畅的铁路网络。

7

不到潇湘岂有诗

——我省如何发展全域旅游

·热点导读·

2016年春，全域旅游成为中国旅游界的热词。张家界、湘西土家族苗族自治州等13个地方入选国家首批全域旅游示范区创建单位，正式拉开了我省全域旅游发展的大幕。发展全域旅游，要有两个基本认知：一是全域旅游要求域内按景区标准，统筹规划建设；二是必要的景点、景区开发和宾馆酒店的建设不是全域旅游的核心和关键，而只是其一部分。发展全域旅游，重点是要实施点线面立体推进。一是不搞成“一阵风”，注重以点辐射。二是勾出“一条线”，注重以线延伸。三是下活“一盘棋”，注重以面拓展。

一到小长假或是周末，最令人向往的莫过于出门旅游了，可人山人海的旅游景区、千人一面的旅游风格、时而遭受欺诈的旅游环境却让人望而生畏。但是现在，假如您到湖南来旅游，就会享受到畅通无阻的道路、无缝对接的景点、便捷周到的服务、热情好客的居民以及自驾游、生态游等形式多样的旅游业态，以及旅游

我省着力建设以“锦绣潇湘”为品牌的全域旅游基地。图为湖南全域旅游发展战略中布局的12个旅游功能区。

警察、旅游巡回法庭等全方位的旅游监管……这一切，就是当前我省正在大力推进的全域旅游给您带来的全新旅游体验。

在省第十一次党代会上，省委书记杜家毫指出，“不能再停留在局限于景点景区开发、关起门来搞旅游的老路上，必须加快实现从景点旅游向全域旅游的转变”。为实现这一转变，我省将以全域旅游基地作为实施创新引领、开放崛起战略的重要抓手，着力建设以“锦绣潇湘”为品牌的全域旅游基地。目前，我省已有张家界市、怀化市、湘西土家族苗族自治州等31个地方入选国家首批全域旅游示范区创建单位，正式拉开了全域旅游发展的大幕。那么，我省具体将如何发展全域旅游呢？

发展全域旅游，首先是要走出两个认识误区

虽然全域旅游目前已经成为一个热词，但是很多人还不是很清楚这个新概念，甚至还存在一定的认识误区。那么到底什么是全域旅游？我们应该如何去理解和把握呢？

一方面，全域旅游和传统的景点旅游不同，它要求域内按景区标准，统筹规划建设。也就是说，以前在景点旅游模式下，景点是封闭的。大家出门旅游时，不到景区看不到风景、不到景点享受不到服务，景点内和景点外的风景和服务往往是“冰火两重天”。而在全域旅游模式下，景点是开放式的“景点”，全域内的风景处处都有，服务无处不在，无论走到哪里，都能享受到

·数字点击·

我省增强旅游产品新供给

“十三五”期间，湖南将打造13条文化生态旅游融合发展精品线路、46个湖湘风情文化旅游小镇、70个旅游资源重点县、31个国家全域旅游示范区、100个特色旅游小镇、500个特色旅游村，大力发展全域旅游。2017年，湖南将重点支持创建10个全域旅游示范区和10个旅游扶贫示范县；支持张吉怀旅游共同体加强区域旅游合作，共创国家旅游精准扶贫创新区。加快推进武陵山、雪峰山、罗霄山连片特困地区生态文化旅游精品线路建设。积极创建全国旅游扶贫示范县和全省旅游扶贫示范县，实施每县争创1个3A景区、2个旅游特色乡镇、3个旅游扶贫示范村。

我省以建设全域旅游示范县为抓手，打造全域旅游精品景区景点。图为首批国家全域旅游示范区创建单位。上图为新化云里耕田，中图为通道坪坦回龙桥，下图为郴州苏仙区坳上古民居。

旅游的“悦目”和“赏心”。

另一方面，虽然必要的景点、景区开发和宾馆、酒店的建设是全域旅游的一部分，但这并不是全域旅游的核心和关键。全域旅游格局追求的是到处都是风景，而不是到处都是景点、景区；追求的是到处都有接待服务，而不是到处都是宾馆、酒店。因此，千万不要把全域旅游简单地等同于增加景点、景区和大修宾馆、酒店。全域旅游注重的是域内旅游资源、基础设施、旅游功能、旅游要素和产业布局的全面优化，注重的是为域内相关产业发展提供旅游平台，插上旅游的“翅膀”。比如，在交通和道路方面，以前可能会相对注重景区和景点的交通设施，或者是单纯注重道路的通行功能，现在则是发展全域旅游的地区既要确保交通畅通，又要建设风景道，一路风光旖旎，同时还有标识和公厕等配套设施给大家提供便捷的旅游服务。又比如，在产业发展方面，以前可能相对注重生产功能，现在则同时也要注重特色和休闲功能，既要打造大家的生产家园，又要建设大家的闲暇乐园等。

·深度关注·

我国创新驱动发展的战略目标

2016年，全国旅游工作会议提出，要推动我国旅游从“景点旅游”向“全域旅游”转变。发展全域旅游的核心是要从原来孤立的点向全社会、多领域、综合性的方向迈进，让旅游的理念融入经济社会发展全局。目前，国家旅游局已公布了两批国家全域旅游示范区，在全域旅游示范区内先行先试国家信息化相关政策，以全域旅游开创旅游发展新格局。一年多来，国家旅游局围绕全域旅游发布了《国家全域旅游示范区认定标准》《全域旅游示范区创建验收标准》等多个文件。除此之外，在“十三五”旅游规划中围绕全域旅游做了工作部署，加大了政策扶持的力度。

一句话，发挥“旅游+”功能，形成旅游新业态，整体优化旅游环境、旅游过程、旅游配套和旅游服务，处处风景如画，人人是旅游的参与者、建设者和享受者，全域既宜居宜业又宜游宜赏，这就是全域旅游的根本要义。

发展全域旅游，重点是要实施点线面立体推进

全域旅游是一种新兴旅游模式，国外和国内一些地方已经进行了

观点·声音

湖南建设全域旅游基地，要从经济目标、品牌建设目标和综合性目标三个层面思考发展定位。

——世界旅游城市联合会首席专家、中国旅游协会休闲度假分会秘书长　魏小安

旅游在精准扶贫中扮演了重要角色，要通过发展全域旅游，实现旅游扶贫的可持续发展，防止脱贫后再度返贫。

——湖南省政府经济顾问、湖南省远景经济发展研究院院长　北　冰

湖南有观赏价值的自然景观大都得到了相应开发，但文化资源利用方面仍是短板，特别是在非遗如何转化为旅游产品方面，要打破传统惯性思维，重点攻关。

——湖南省旅游研究院常务副院长、湖南师范大学旅游学院副院长　许春晓

大量的探索，取得了许多成功的经验。湖南旅游资源丰富，是名副其实的旅游资源大省。那么，我省又将如何推进这一新模式的发展，铺就三湘大地的全域旅游“精美画卷”呢？《湖南省旅游业“十三五”发展规划纲要》《湖南省消费导向型旅游投资促进计划》给我省发展全域旅游确立了一个点、线、面“三结合”的任务书和路线图。

首先，我省不搞成“一阵风”，注重以点辐射。具体而言，就是以县为基础，在全省14个市州重点培育70个旅游资源重点县，在这70个县里加快创建35个全域旅游示范县。以建设全域旅游示范县和全省旅游扶贫示范县为抓手，打造我省全域旅游的精品景区景点。以此为基点，我省将新建国家等级景区100个以上，生态文明旅游示范景区及两型景区100个以上，旅游营地100个以上，特色旅游小镇100个以上，特色旅游村500个以上，创建主题特色精品住宿示范点100家。可以想象，这70个重点县，必将成为我省全域旅游中，在三湘大地上闪闪发光的旅游“明珠”。

其次，我省将勾出“一条线”，注重以线延伸。具体而言，就是以旅游走廊为纽带，重点打造长（沙）岳（阳）、张（家界）崀（山）桂（林）和郴（州）广（州）3条旅游走廊，推出8条省级、6条跨省、5条跨境共19条精品旅游线路。这其中，每一条走廊和线路都有其突出的亮点、特色和品牌，无论是伟人故里韶山冲，还是天下第一名楼岳阳楼，抑或是世界自然遗产张家界，旅游走廊上都是“货真价实”的资源品位高、品牌形象优、核心吸引力强的旅游精品。通过精心布点，“巧手”勾勒，3条走廊和19条线路成为串联全省全域旅游格局的一条“红线”。比如，想看自然遗产和文化遗产，通过世界遗产精品旅游线（长沙—武

我省以旅游走廊为纽带，推出19条精品旅游线路。上图为张家界武陵源天子山风景区。下图为长沙市橘子洲景区。

陵源—老司城—崀山）就能一饱眼福；想体会革命文化，通过湘东红色文化与休闲精品旅游线（长沙—平江—浏阳—醴陵—攸县—茶陵—炎陵—桂东—汝城）就能感受到红色文化的独特魅力。无论行走在哪一条线路上，您都能感受到全域旅游模式下的放心、舒心、贴心和暖心。

最后，我省将下活“一盘棋”，注重以面拓展。具体而言，就是以旅游功能区为载体，通过点、线的交叉辐射，以建立旅游合作联盟为抓手，着力建设崀山生态文化旅游区等12个旅游功能区，实行统一规划线路、统一产品开发、统一宣传促销、统一监管服务，实现区域无障碍旅游。加快构建以长沙为中心，以张家界为龙头，以“一带（湘江旅游带）四圈（长株潭、环洞庭湖、大湘西、大湘南）”为骨架的区域旅游发展布局。通过点、线、面的结合，我省将在全国全域旅游的大局中下活一盘熠熠生辉的“旅游大棋”，绘就一幅三湘大地的“精美画卷”。

“挥毫当得江山助，不到潇湘岂有诗。”诗人陆游的诗句描绘了历史上湖湘的大美大景。时过境迁，锦绣潇湘美丽依旧。我们相信，在这轮全域旅游的大潮中，三湘儿女一定会撸起袖子加油干，“锦绣潇湘伟人故里——湖南如此多娇”正快步向我们走来。

·信息链接·

全域旅游建设“三个跟着走”

推进全域旅游，省旅发委明确提出，坚持“三个跟着走”，统筹旅游客源地和旅游目的地建设。

一是跟着客源走。坚持以游客为本，积极适应游客在不同年龄段、不同出行方式、不同旅游季节等方面的新需要，贴近客源需求不断创造新供给，实现旅游市场细分化、旅游产品特色化、旅游营销专业化和旅游服务规范化。

二是跟着城镇化走。无论是旧城镇改造，还是新城镇建设，都要充分考虑旅游功能，结合棚户区改造打造古城、古镇和古街区，在中心城区建设和改造中注入旅游休闲元素。推动文化与旅游深度融合，在保留传统文化的基础上，丰富旅游业态结构，打造地域特色文化旅游品牌。着力构建“快进慢游”的旅游交通网络。

三是跟着国际化走。充分挖掘和放大我省“一带一部”区位优势，主动对接融入“一带一路”和“长江经济带”建设，把旅游宣传促销统一纳入城市整体形象对外宣传的总体战略。加强与境外主要客源地合作，联合开发一批资源品位高、品牌形象优、核心吸引力强的国际旅游精品和旅游线路，大力开拓国际旅游市场。

8

齐心协力拔穷根

——我省如何打赢脱贫攻坚战

·热点导读·

湖南作为扶贫大省，始终把贫困地区、贫困人口脱贫与全省同步建成全面小康社会作为重要政治任务、头等大事和第一民生工程。2017年3月，为全力打赢这场脱贫攻坚战，湖南省政府正式印发《湖南省“十三五”脱贫攻坚规划》，将集中解好“三道题”：一是解好“思考题”，确保脱贫目标不落空；二是解好“操作题”，确保扶贫举措不虚浮；三是解好“必答题”，确保脱贫结果不造假。

“原来餐餐吃萝卜白菜，肚子里面寡得慌。现在手头宽松了，顿顿都有油水！”“去年，家里各种收入有5万多元，人均9000多元，今年过了个‘肥年’啊！”“我搬进县城新房，又在家门口找到了工作，打心眼里高兴！”……怀化市中方县中方镇桥亭村走出贫困的村民们喜悦之情溢于言表，言语中充满脱贫后的欢欣。

“小康不小康，关键看老乡。”省委书记杜家毫在不同场合多

2017年4月16日，湖南省领导干部会议在长沙召开，会议深入学习贯彻习近平总书记关于脱贫攻坚重要讲话精神，要求全面查摆、全面诊断、全面整改脱贫工作中存在的问题，全面动员、全面督办、全面压实各级脱贫攻坚工作责任，坚决打赢脱贫攻坚战。图为会议现场。

次强调，要兑现“脱贫攻坚一个也不落下，到2020年全省人民一道同步实现小康”的庄严承诺。我省作为扶贫大省，始终把贫困地区、贫困人口与全省同步建成全面小康社会作为重要政治任务、头等大事和第一民生工程，脱贫攻坚成绩斐然。然而，脱贫攻坚犹如滚石上山，越往后难度越大。面对剩下的大部分贫困人口都是贫中之贫、困中之困，帮扶任务重、时间紧、难度大的形势，我省在2017年3月正式印发《湖南省“十三五”脱贫攻坚规划》（以下简称《规划》），将集中解好“三道题”，全力打赢这场脱贫攻坚战。

·深度关注·

“十三五”脱贫攻坚必须遵循的原则

2016年11月，国务院印发《“十三五”脱贫攻坚规划》，要求各地脱贫攻坚工作必须遵循以下原则。

——坚持精准扶贫、精准脱贫。坚持以“六个精准”统领贫困地区脱贫攻坚工作，精确瞄准、因地制宜、分类施策，大力实施精准扶贫脱贫工程，变“大水漫灌”为“精准滴灌”，做到真扶贫、扶真贫、真脱贫。

——坚持全面落实主体责任。充分发挥政治优势和制度优势，强化政府在脱贫攻坚中的主体责任，创新扶贫考评体系，加强脱贫成效考核。按照中央统筹、省负总责、市县抓落实的工作机制，坚持问题导向和目标导向，压实责任、强力推进。

——坚持统筹推进改革创新。脱贫攻坚工作要与经济社会发展各领域工作相衔接，与新型工业化、信息化、城镇化、农业现代化相统筹，充分发挥政府主导和市场机制作用，稳步提高贫困人口增收脱贫能力，逐步解决区域性整体贫困问题。加强改革创新，不断完善资金筹措、资源整合、利益联结、监督考评等机制，形成有利于发挥各方面优势、全社会协同推进的大扶贫开发格局。

——坚持绿色协调可持续发展。牢固树立绿水青山就是金山银山的理念，把贫困地区生态环境保护摆在更加重要位置，探索生态脱贫有效途径，推动扶贫开发与资源环境相协调、脱贫致富与可持续发展相促进，使贫困人口从生态保护中得到更多实惠。

——坚持激发群众内生动力活力。坚持群众主体地位，保障贫困人口平等参与、平等发展权利，充分调动贫困地区广大干部群众积极性、主动性、创造性，发扬自强自立精神，依靠自身努力改变贫困落后面貌，实现光荣脱贫。

其一，解好“思考题”，确保脱贫目标不落空

有个成语叫作“有的放矢”，比喻说话做事有明确的目的性和针对性。如何如期啃下脱贫攻坚决胜期这块“硬骨头”，是全省上下不懈思考和努力的问题。这个“思考题”，就是解决“扶什么”的问题。据统计，截至2015年底，我省还有445万贫困人口，分布在全省14个市州。贫困人口致贫因素复杂，精准帮扶和精准脱贫难度很大。为解好这道“思

考题”，我省制定了脱贫攻坚的时间表和任务书，以倒计时方式将脱贫摘帽任务分解到每个年度。

据湖南省扶贫开发办公室公布的数据，我省的贫困人口脱贫计划为2016年脱贫125万人（已超额完成），2017年脱贫110万人（含社保兜底脱贫对象），2018年脱贫110万人，2019年脱贫110万人，2020年重点解决返贫人口问题；贫困村退出计划为2016年退出1053个村（已完成），2017年退出2500个村，2018年退出2500个村，2019年退出871个村；贫困县摘帽计划为2016年2个贫困县摘帽（已完成），2017年10个以上贫困县摘帽，其余按年度计划摘帽。

·数字点击·

数说湖南2016年脱贫攻坚

2016年，省级投入财政扶贫资金10亿余元，实施重点产业项目86个，直接帮扶20万贫困人口发展生产。全省减少125万贫困人口，完成年度目标任务数的113.6%，1053个贫困村脱贫出列。贫困地区农村居民可支配收入增长10.5%以上，高出全省平均水平2个百分点。全省新增转移就业贫困人口11.57万人，帮助湘西土家族苗族自治州18.96万名贫困劳动力实现稳定就业；建设768个易地扶贫搬迁安置项目，覆盖16万名贫困人口；精准资助111万名建档立卡贫困家庭在校生，省财政自筹资金4.3亿元，将农村义务教育营养餐由37个片区县扩大到51个贫困县市区；对参加新农合的贫困人口就医费用报销比例提高10%，将低保困难群众大病保险补偿起付线降低50%，全省建档立卡贫困人口新农合参合率达100%；将农村低保标准从原来的165元/月提高到220元/月，对符合条件的45万贫困人口实行兜底保障。

为了将目标进一步细化，《规划》从约束性和预期性两个方面提出了14项具体指标。其中，约束性指标包括贫困人口、贫困村、贫困县等8项；预期性指标包括贫困村农村电网覆盖率、贫困村通宽带比例等6项。比如，约束性指标中的易地扶贫搬迁人口数量，就明确要求2016—2019年每年分别完成16万人、33万人、20万人、11万人；预期性指标中的贫困村集体经济年收入就要求每村不少于4万元。

需要说明的是，贫困发生率低于2%是贫困县摘帽的硬性指标要求。为此，我省将贫困县全部摘帽提前至2019年，这是为了预留缓冲时间，以利于对2%以内未脱贫人口和返贫人口进行帮扶，从而力争到2019年、确保到2020年所有贫困区县“摘帽”、贫困村“销号”、贫困人口“越线”，实现“两不愁、三保障”的总目标。挂图作战、按图销号，这场脱贫攻坚战就不是空对空，而是实打实。

其二，解好“操作题”，确保扶贫举措不虚浮

明确目标和任务之后，接下来就要为扶贫攻坚铺好“路”、架好“桥”，解决好操作问题，即解决“怎么扶”的问题。为了使贫困地区、贫困人口彻底摆脱贫困，我省在扶贫攻坚中结合全省实际，组织实施了脱贫攻坚“七大行动”，即发展产业

观点·声音

2017年是脱贫攻坚战向纵深推进的关键之年。在2016年实现脱贫攻坚首战告捷的基础上，我们要坚持以习近平总书记扶贫开发重要战略思想为指导，全面落实中央和省委、省政府的决策部署，以更强的担当、更高的标准、更实的举措和更优的作风，坚决打赢脱贫攻坚年度战役。

——湖南省扶贫开发办公室主任、党组书记　王志群

《湖南省“十三五”脱贫攻坚规划》是我省“十三五”脱贫攻坚工程的“施工图”，也是各地各部门精准扶贫的“指示牌”。

——《湖南日报》记者　柳德新

发展产业脱贫是“十三五”脱贫攻坚的重中之重，湘西花垣县十八洞村村民施全友便是产业扶贫的受益者。图为十八洞村首家农家乐“巧媳妇”修葺一新的厨房里，施全友（中）和妻子孔铭英（左）在忙着为客人炒菜。

脱贫、转移就业脱贫、易地搬迁脱贫、加强教育脱贫、推进健康扶贫、生态保护脱贫、社会保障脱贫，着力解决扶贫的针对性和实效性问题。

一方面，发展产业脱贫是“十三五”脱贫攻坚的重中之重。根据《规划》，我省将继续坚持“资金跟着穷人走、穷人跟着能人走、能人跟着产业项目走、产业项目跟着市场走”的“四跟四走”产业精准扶贫思路，按照人均投入帮扶资金1万元的标准，因地制宜发展贫困人口参与度高的区域特色产业，支持1万个新型农业经营主体发展产业，每个贫困户至少实施1个增收项目、掌握1~2项实用技术，6924个贫困村村村有特色产业基地。湘西花垣县十八洞村村民施全友便是产业扶贫的受益者。通过产业扶贫，40多岁仍单身的施全友不仅在村里开了首家农家乐发家致富，还在2015年元旦成功“脱单”，与重庆姑娘孔铭英喜结连理。

另一方面，我省将继续构建转移就业脱贫、易地搬迁脱贫、教育脱贫等多样扶贫方式。每种脱贫模式针对不同特点的贫困对象，从而使得扶贫举措更加具体、更有实效。比如，转移就业脱贫重在加大对农村贫困人口劳务输出，提高他们的稳定就业能力；易地搬迁脱贫重在确保搬迁群众住房安全得到有效保障，实现贫困人口搬得出、稳得住、能脱贫；教育脱贫重在提高贫困人口的基本文化素质和贫困家庭的劳动力技能，通过“知识改变命运”的教育扶贫工程，着力从源头上阻断贫困代际传递；等等。

其三，解好“必答题”，确保脱贫结果不造假

习近平总书记指出，“确保到2020年农村贫困人口全部脱贫”。这个“确保”，就说明“脱贫”是一道必须完成、没有商量余地的“必答题”。无论任务多么艰巨，这道“必答题”都必须完成并答好。为此，我省着力创新和完善脱贫攻坚的体制机制，坚决防范假脱贫、保证真脱贫。

一是创新精准脱贫管理机制。对扶贫对象进行精准识别，建档立卡，做到贫困人口有进有出的动态管理，严格退出标准、退出程序，严防边脱贫、边返贫，严禁数字脱贫、假脱贫。二是创新扶贫资源整

合机制。将资金和项目重点向贫困地区倾斜，并最大限度落实到贫困村、贫困户，以重点扶贫项目为载体，捆绑使用专项扶贫资金、相关涉农资金、社会帮扶资金等，形成脱贫攻坚的最大“合力”。三是创新贫困群众参与机制。扶贫更要“扶心”，“输血”更要“造血”，帮助贫困群众树立“苦熬不如苦干”的观念和“勤劳致富光荣”的思想，实现“富口袋”与“富脑袋”的有机结合。四是创新资金项目管理机制。建立贫困县财政涉农资金整合机制，县审批、县整合、省备案的资金项目管理机制，规划项目协同推进机制。通过打好创新和完善脱贫机制这套“组合拳”，横向到边、纵向到底，一个环节一个环节地查、一个项目一个项目地过、一笔资金一笔资金地审，对全省脱贫攻坚工作和结果进行全面“透视”和“体检”。

我省着力创新和完善脱贫攻坚的体制机制，坚决防范假脱贫、保证真脱贫。上图为攸县举办2016年扶贫对象动态调整和建档立卡信息采集录入培训班。下图为2017年6月6日，长沙经开区领导在建档立卡贫困户家详细了解家庭情况及扶贫措施落实情况。

“叩石垦壤，挖山不止。”当前，我省的脱贫战已经到了决胜攻坚的关键时刻，只要我们坚定“咬定青山不放松”的信念，鼓足“不破楼兰终不还”的劲头，就一定能齐心协力拔掉穷根，万众一心打赢这场攻坚战。

· 信息链接 ·

我省扶贫政策直达贫困户

为贫困户解疑，确保“阳光扶贫”，省扶贫办2017年初印发《湖南脱贫攻坚到户政策口袋书》（简称“口袋书”），让扶贫政策直达贫困户。

小小“口袋书”，政策全知晓。该书涵盖了产业扶持政策、就业培训政策、易地扶贫搬迁和危房改造政策、教育扶贫政策、健康扶贫政策、兜底保障政策、生态补偿政策、其他到户政策等内容。其中，产业扶持政策就包括产业帮扶、小额信贷、电商扶贫、乡村旅游、光伏扶贫五个方面内容。

小小“口袋书”，极具含金量。如产业帮扶措施中，对建档立卡贫困户发展产业的，给予1500元/人至2000元/人的产业帮扶资金。为51个贫困县贫困户补贴90%农业保险保费，其中省财政和县财政分别承担保费的50%和40%。扶贫经济组织参与精准扶贫的，可根据项目采取的帮扶模式、帮扶贫困人口数量、增收效益幅度以及贫困农户对企业的依存度等要素，享受一定的财政扶贫资金支持。

9

以河长制促河长治

——我省如何维护河湖健康生命

·热点导读·

2016年12月，中共中央办公厅、国务院办公厅印发了《关于全面推行河长制的意见》，要求各地区各部门结合实际认真贯彻落实。短短几个月，河长制在河湖众多的湖南迅速落地。2017年3月8日，我省在《湖南日报》上公布了省、市两级河长名单。以河长制促河长治，我省将从告别“九龙治水”，形成治河合力；坚持问题导向，抓好河湖保护；落实河长制，促进河长治三个方面发力，把治水与治山、治林、治田、治湖有机结合起来，维护河湖健康生命，为建设富饶美丽幸福新湖南提供坚实保障。

国家主席习近平在2017年新年贺词中说：“每条河流都要有‘河长’了。”此前，中央决定在全国推行河长制，并专门下发了《关于全面推行河长制的意见》。

短短几个月，河长制在河湖众多的湖南迅速落地。在2017年3月8日的《湖南日报》上，我省公布了省、市两级河长名单：省委副书记、省长

2017年6月26日，省委书记、省人大常委会主任杜家毫主持召开湘江保护和治理委员会2017年第一次全体会议，强调湘江保护治理只有进行时，没有完成时。

担任总河长，省委常委、常务副省长及分管水利的副省长担任副总河长，其他省领导分别担任湘江、资水、沅水、澧水干流和洞庭湖（含长江湖南段）省级河长……

以河长制促河长治，维护河湖健康生命，我省将如何发力?

其一，告别“九龙治水”，形成治河合力

河长，一河之长，是河湖管理保护的第一责任人。河长制，是由各级党政主要负责人担任河长的河湖管理体制。

为什么要实施河长制呢?

“山水林田湖是一个生命共同体，人的命脉在田，田的命脉在

水，水的命脉在山，山的命脉在土，土的命脉在树。”如果河湖不好过，人类也过不好。

·热词点击·

河长制

河长制，即由各级党政主要负责人担任“河长”，负责组织领导相应河湖的水资源保护、水域岸线管理、水污染防治、水环境治理、水生态修复、执法监管等河湖管理和保护工作，这是解决我国复杂水问题、维护河湖健康生命的有效举措，也是完善水治理体系、保障国家水安全的制度创新。

但是，对时常发生的围垦湖泊、侵占河道、蚕食水域等违法问题，一些地方喊得多、抓得少，在管控上的硬措施、硬手段不多，真正管用有效的办法非常少，“垃圾靠风刮、污水靠蒸发”；有关部门推诿多、合作少，存在“环保不下河，水利不上岸”“管水量的不管水质，管排水的不管治污”等情况，就像“铁路警察，各管一段”，没有形成治河管河的合力。这些，都严重威胁着防洪安全、供水安全及生态安全。

问题在水里，办法在岸上。省委、省政府把加强河湖管理保护放在突出位置，大力推进以湘江保护与治理、洞庭湖水环境综合治理为重点的河湖系统治理保护。在省第十一届人大常委会第31次会议通过《湖南省湘江保护条例》后，我省成立了由时任省长杜家毫为主任的湘江保护协调委员会，把湘江保护与治理作为省“一号重点工程”，实行“一部法”统领、“一把手”牵头、“一盘棋”推进、“一江水”同治，取得了显著成效。无论是工作内容、组织架构，还是推动模式、工作机制，省“一号重点工程”都与河长制的要求高度契合，

省委、省政府把加强河湖管理保护放在突出位置，大力推进以湘江保护与治理、洞庭湖水环境综合治理为重点的河湖系统治理保护。上图为2017年6月4日，“共饮湘江水　保护母亲河——2017年‘民间河长’招募活动”启动仪式在长沙橘子洲风景区举行。下图为“助推河长制度，共建生态文明——湘潭市‘河长助手·湘江卫士’”项目启动仪式现场。

为全面推行河长制积累了宝贵经验。2016年8月，杜家毫在调研“一湖四水”保护与治理情况时，要求认真总结湘江保护与治理省“一号重点工程”的成功经验，逐步向资水、沅水、澧水和洞庭湖区推广。

2017年以来，我省加快落实中央统一部署，由省、市、县、乡各级党政主要负责人担任河长，履行河湖管理保护第一责任人职责，全面推行河长制。从组织架构来看，纵向从省、市党政主要领导开始，“系在一根绳上”的还有县委书记、县长，乡镇党委书记、乡镇长等；横向从党委、政府相关部门开始，组织、宣传、发改、财政、环保、水利、农业等21个部门都各有分工、各司其职，谁都不能在河湖管理保护上缺位。

可见，河长制是一种新的河湖管理体制，最大限度整合了各级党委、政府的力量，弥补了早先“九龙治水”的弊端，使治水网络密而不疏，有利于形成治河合力，统筹推进上下游、左右岸的保护与治理，从而系统解决水资源、水灾害、水生态、水环境等突出水问题。

其二，坚持问题导向，抓好河湖保护

2017年是我省全面推行河长制的开局之年。省委办公厅、省政府办公厅已出台《关于全面推行河长制的实施意见》和《湖南省实施河长制行动方案（2017—2020年）》，成立了省河长制工作委员会及办公室。2017年5月底前，县、乡两级河长也已明确，且由党政“一把手”担任，对辖区内河湖管理保护负总责；2017年8月底前，在河流、水库、湖泊的显要位置，设立河长公示牌，标明河长姓名、职责、河湖概况、管护目标和监督电话等

·深度关注·

全面推行河长制的基本原则

中共中央办公厅、国务院办公厅印发的《关于全面推行河长制的意见》提出，全面推行河长制必须遵循以下基本原则。

——坚持生态优先、绿色发展。牢固树立尊重自然、顺应自然、保护自然的理念，处理好河湖管理保护与开发利用的关系，强化规划约束，促进河湖休养生息、维护河湖生态功能。

——坚持党政领导、部门联动。建立健全以党政领导负责制为核心的责任体系，明确各级河长职责，强化工作措施，协调各方力量，形成一级抓一级、层层抓落实的工作格局。

——坚持问题导向、因地制宜。立足不同地区不同河湖实际，统筹上下游、左右岸，实行一河一策、一湖一策，解决好河湖管理保护的突出问题。

——坚持强化监督、严格考核。依法治水管水，建立健全河湖管理保护监督考核和责任追究制度，拓展公众参与渠道，营造全社会共同关心和保护河湖的良好氛围。

我省坚持问题导向，抓好河湖保护，要求在2017年8月底前在河流、水库、湖泊的显要位置，设立河长公示牌。图为浏阳河（四方坪段）河长公示牌。

内容，接受公众监督……

省里要求，在2017年底之前全面建立河长制责任体系。其中的内在逻辑是，把整个体制先建立起来，把责任明确下来，并以问题为导向，从保护水资源、防治水污染、改善水环境、修复水生态以及水域岸线管理保护、执法监督管理等方面实现重点突破，切实抓好河湖保护。

坚持生态优先，绿色发展。河流是人类赖以生存的宝贵资源。长期以来，个别地方只注重对河流的索取，忽视了河流的健康，竭水而用、过度开发、与河争地现象屡见不鲜，河流承载的压力日渐增大。因此，加强河道管理，重新焕发河道生机和活力，必须坚持人与自然和谐发展的理念，按照建设“绿色湖南”的总体要求，进一步强化河道管理规划约束，科学开发、合理利用，有效保护河湖资源，促进河湖休养生息，维护河湖生态功能。

坚持问题导向，因地制宜。我省河流众多，不同的河流有不同的情况，治理、管控的措施就要有所区别，决不能搞“一刀切”、一个办法用到底，要从不同地区、不同河湖实际出发，统筹上下游、左右岸，实行一河一策、一湖一策，重点解决突出问题。

开展专项整治行动。省河长制工作委员会各成员单位要按照职责分工，针对侵占水域岸线、围垦湖泊、非法采砂、非法排污、破坏航道、非法养殖、电鱼炸鱼以及河道黑臭水体、垃圾堆放等问题，开展清理整治和专项执法行动，严厉打击涉河湖违法违规行为。要指导地方加大部门之间信息共享、定期会商、联合执法力度，统筹各相关部门执法职能和工作力量，共同维护好河湖管理秩序。

观点·声音

党政领导担任河长，不但可以从根本上解决长期历史遗留的多个涉水部门无法联防联控的问题，而且能够将河流的管理保护与整个地区或城市的总体长远发展规划相结合。同时，也在一定程度上解决了与河湖管理保护、执法监管等有关的人员、设备、经费等问题。

——环境保护部环境与经济政策研究中心博士　郭红燕

过去，治水难成了发展困惑题。因为，河水好坏，表象在水里，根源在岸上，岸上的问题很复杂。而“河长制”恰恰抓住了问题要害。它是一种水生态管护机制的创新，强调的是守水有责，体现了民生属性和绿色发展的智慧。

——《长沙晚报》评论员

“河长制”告别了昔日的“九龙治水”乱象，迎来了建设、水利、交通、环保等多个部门齐抓共管的“九九归一”。它的出现，强化了责任主体，抓住了管理、责任、治污的源头，为保护水资源探索出了一条有效的途径。

——网友　@田影

其三，落实河长制，促进河长治

河长会不会是个虚职？我省从五个方面入手，确保河长制落到实处。

——建立责任体系，实行“一河一河长”。河长5公里以上的5341条河流及水域面积10平方公里以上的湖泊都要实现全覆盖，每条河、每个湖都要有河长，每个行政区域内的河道都必须要有河长明确责任。

——掌握河湖情况，实现“一河一档案”。湖南的河流湖泊众多。每个地方建立河长制后，对辖区内的每条河、每一个河段存在的主要问题以及现阶段需要重点解决什么问题，要做到心中有数，实现问题导向，理清思路，建立河湖的档案，把情况弄清楚。

——把准问题症结，实现“一河一策略”。要根据每一条河、每一个河段存在的不同问题、不同症结，采取不同策略。

——突破重点难点，做到“一河一亮点”。省里要求，每一个河长对其负责的河流、河段，在减污、环境治理、河道保洁、采砂整治、安全整治等方面，针对存在的问题采取有力措施，至少在一个方面要有亮点。

——建立考核机制，实现“一河一考核”。通过“一月一晒、一季一督、一年一评”的工作措施，对每一个河长都要进行考核。利用“考核问责”和“奖优罚劣”的工作杠杆，强化地方政府对河湖管理保护的主体责任，调动相关职能部门对河湖管理保护的积极性。省里建立年度绩效考核办法，细化年度考核指标，由省河长办会同各成员单位开展对市州的考核，及时公布考核结果，并报送省委组织部。

古有大禹治水“通九道”，今有河长上岗美河流。通过全面推行河长制，把治水与治山、治林、治田、治湖有机结合起来，必将加快实现“水系完整、水量保障、水质良好、河流畅通、生物多样、岸线优美”的目标，为建设富饶美丽幸福新湖南提供坚实保障。

· 信息链接 ·

我省实施河长制将实现的五大主要目标

2017年2月，省委办公厅、省政府办公厅印发《湖南省实施河长制行动方案（2017—2020年）》，提出通过“十三五”时期的努力，我省实施河长制将实现以下五大主要目标。

一、用水总量严格控制。全省用水总量控制在350亿立方米以内，万元工业增加值用水量降低到54立方米以下，农田灌溉水有效利用系数提高到0.54以上。

二、水体水质根本好转。全省重要江河湖泊水功能区水质达标率达到92%以上，长江、珠江流域水质优良（达到或优于Ⅲ类）比例分别达到93.2%以上和100%，地级城市集中式饮用水源达标率达到或优于Ⅲ类比例提高到96.4%。

三、水域岸线有效保护。全省河湖水域面积保有率不低于7%，湘江、资水、沅水、澧水干支流及洞庭湖自然岸线保有率不低于90%，县级以上城市达到国家规定的防洪治涝标准，千吨级航道通航里程达到1400公里以上。

四、生态环境明显改善。地级城市建成区黑臭水体控制在10%以内，全省森林覆盖率稳定在59%以上，湿地保护率稳定在72%以上，水生生物重要栖息地、洄游通道保护率达70%，河道管理范围内“乱占乱建、乱围乱堵、乱采乱挖、乱倒乱排”现象得到有效遏制。

五、管理制度逐步完善。建立涵盖基础信息、实时水量水质数据等在内的河湖管理信息平台，河湖管理与保护联合执法机制逐步形成，在湘江、资水、沅水、澧水干流及主要支流建立基于水质水量考核的流域生态补偿机制。

10

科教强省出新招

——如何让我们的孩子不出省就读上好大学

·热点导读·

2017年2月，我省印发《湖南省全面推进一流大学与一流学科建设实施方案》，提出了“着力提高我省高等教育的综合实力和区域竞争力，全面推进一流大学与一流学科建设”的新目标。为此，我省将从三方面入手：把好“舵”，紧扣三大目标；划好“桨”，实施六大计划；擂好“鼓”，落实四大制度。我省将抓住历史机遇，走出一条具有湖湘特色的“双一流”建设之路，全面提高全省高等教育的综合实力和区域竞争力，让湖湘子弟不用出省就能读上心仪的大学。

到底是选择“985”“211”这样的好大学，还是选择自己喜欢的好专业？这恐怕是许多高考考生和家长在填报志愿时都面临过的两难选择。长沙市民赵先生的儿子正在读高一，学习成绩挺不错的。早在3年前，他就开始琢磨怎样才能让儿子上一所好大学、读一个好专业、有一个好前程。但是最近，赵先生却没那么忧虑了。因为，自国家提出加快世界一流大学

2017年2月9日，省委副书记、省长许达哲先后赴中南大学、湖南大学、湖南师范大学和省教育厅进行调研，强调要以深化教育综合改革推动“双一流”建设，不断提高我省高等教育发展质量和创新能力。图为省委副书记、省长许达哲在湖南大学调研。

和一流学科（简称“双一流”）建设以来，我省高校“双一流”建设如火如荼地拉开了大幕，选择学校还是选择专业，已经不再是那么值得纠结的问题了。

赵先生从“琢磨”“忧虑”到不怎么“琢磨”“忧虑”，充分体现了“双一流”建设给老百姓带来的“实惠”和幸福感的提升。“双一流”建设，意味着中国高校将打破过去“985”“211”的身份壁垒，各高校可结合自身实际和办学特色，探索多元化的发展模式，我们的孩子也将有更多机会读上心仪的学校和喜欢的专业。为在新一轮高等教育发展中抢占先机、赢得主动，我省在2017年2月正式印发《湖南省全面推进一流大学与一流学科建设实施方案》（以下简称《方案》），围绕“着力提高我省高等教育的综合实力和区域竞争力，全面推进一流大学与一流学科建设”的新目标，吹响了我省高等教育迈向“双一流”的冲锋号角。那么，我省具体将如何全面推进“双一流”建设呢？

其一，把好“舵”，紧扣三大目标

大海中的船舶，没有舵手，就随时可能失去方向。我省“双一流”建设要做到有的放矢、彰显实效，就必须把好“舵”，牢牢把住发展的方向。为此，我省将以学科建设为引领，按照到2020年、2030

我省将以学科建设为引领，按照到2020年、2030年和2050年三步走的战略目标，推动一批高校稳步进入国内同层次、同类型高校一流行列，力争若干所高校和一批学科进入“双一流”行列。图为湖南农业大学“双一流”建设总体目标任务书和优势学科“十三五”建设方案目标任务书递交仪式现场。

年和2050年三步走的战略目标，推动一批高校稳步进入国内同层次、同类型高校一流行列，力争若干所高校和一批学科进入世界一流大学和一流学科行列。

具体而言，我省“双一流”建设的第一步是到2020年，要有40个左右的学科进入ESI（基本科学指标数据库）排名前1%、45个左右学科进入全国前10%，50个左右应用特色学科进入全国应用学院同类学科的前列，50个高职特色专业群进入全国高职学院同类专业群的前列。在此基础上，争取3所大学进入国家争创世界一流大学或世界特色大学行列，5所大学进入国内一流大学或国内特色大学行列，5所学院进入国内一流应用学院行列，6所高职学院进入国内一流高职学院行列。而2030年和2050年的目标则是引导性的目标，即力求在前期发展基础上，排名稳步推进，水平不断提升。但是，稳步推进和提升的进程中有一个关键词——动态竞争。也就是说，我省高校“双一流”建设不搞“身份固化”，不搞“一考定终身”，学校进了“双一流”不等于进了“保险箱”“安全库”，而是会引用第三方评价，充分发挥“绩效杠杆”的作用，实行

·数字点击·

湖南2017年投入14.8亿元建“双一流”

统筹推进世界一流大学和一流学科建设，是高等教育深化改革的创新性政策。截至2017年3月，在已出台建设方案的23个省份中，有11个省提出了经费保障，粗略计算在400亿元左右。我省2017年在“双一流”建设方面预计投入14.8亿元。

目前，湖南高校进入全球ESI前1%的学科共有32个。其中，中南大学11个、湖南大学8个、国防科技大学4个、湘潭大学3个、湖南师范大学和湖南农业大学各2个、南华大学和长沙理工大学各1个。

·深度关注·

统筹推进世界一流大学和一流学科建设总体方案

2015年10月24日，国务院印发《统筹推进世界一流大学和一流学科建设总体方案》（以下简称《总体方案》），要求按照“四个全面”战略布局和党中央、国务院决策部署，坚持以中国特色、世界一流为核心，以立德树人为根本，以支撑创新驱动发展战略、服务经济社会发展为导向，坚持“以一流为目标、以学科为基础、以绩效为杠杆、以改革为动力”的基本原则，加快建成一批世界一流大学和一流学科。

根据《总体方案》，到2020年，中国若干所大学和一批学科进入世界一流行列，若干学科进入世界一流学科前列；到2030年，更多的大学和学科进入世界一流行列，若干所大学进入世界一流大学前列，一批学科进入世界一流学科前列，高等教育整体实力显著提升；到本世纪中叶，一流大学和一流学科的数量和实力进入世界前列，基本建成高等教育强国。

动态调整，开展良性竞争，每5年进行一轮新的洗牌，优者胜出、劣者淘汰。这也意味着，我省的“双一流”建设，不是先定学校，而是先建设一流学科；创建结果也不是由官方认定，而是一流学科达到什么数量和层次，自然就成为什么样的大学。在这种建设目标和思路的指引下，我省将有望推进一批优势学科率先进入世界一流或全国一流行列，推动少数高校进入世界一流、一些高校进入国内同层次同类型高校一流行列。

其二，划好“桨”，实施六大计划

方向定好了，还得靠奋力划桨，才能快速推动船舶航行。从目前各地的教育资源来看，我省“211”高校仅4所，而北京高达26所，江苏、上海、陕西、湖北、四川则分别为11、10、8、7、5所，均在湖南之上。在“双一流”建设中，我省将结合自身教育资源优势、经济社会发展需求及基础条件，部署实施“双一流”建设的领军人才计划、创新团队支持计划、学科建设计划、创新人才培养计划、科学研究计划、产学研平台计划“六大计划”，用力“划桨”，全面推进高校“双一流”建设。

具体来说，就是通过造就一批具有国际国内先进水平的学科带头人和学科梯队，培育一批跨学科、跨领域创新团队；发挥学科建设的龙头和基础作用，培养各类拔尖创新人才和湖南经济社会急需的“芙蓉工匠”等技术技能人才；高校与企业建立联合开发中心，建立协同创新的战略联盟（职教集团）；等等。通过这一系列“组合拳”，因地制宜，有效引导和支持高校的分类发展、错位发展、特色发展。其中，学科特色型大学

高校与企业建立联合开发中心，建立协同创新的战略联盟（职教集团）。上图为2016年9月24日，在湖南机电职业技术学院举行的湖南机器人与智能装备职业教育集团成立大会现场。下图为2017年6月27日，湖南工业大学与湖南建工集团有限公司战略合作协议签约仪式现场。

> **观点·声音**
>
> 世界一流大学建设应该是一个宽泛的概念，不仅学术性大学，包括职业类大学，都是可以朝着世界一流大学的方向去做的，应该形成一个全面的、公平的、生态合理的一个大格局。
>
> **——中国人民大学教育学院教授、博士生导师　程方平**
>
> 湖南高校目前最紧迫的任务是吸引年轻的优秀人才，把人才吸引过来，再为他们提供好的服务，让他们从填表、报账等事务中解脱出来，专注自己的科研。
>
> **——湖南大学教育科学研究院　罗教授**
>
> “双一流”建设是中国大学冲刺国际前列、打造顶尖学府的“冲锋号”，是高等教育发展的新目标，也是我省高校建设的新机遇。
>
> **——网友　@麓山苍苍**

将以“优势学科”建设为引领，根据各自的发展水平，瞄准进入“世界一流大学”“世界特色大学”“国内一流大学”“国内特色大学”行列的目标进行创建；地方应用型学院将以“应用特色学科”建设为引领，瞄准进入“国内一流应用学院”行列的目标进行创建；技术技能型职院将以“特色专业群”建设为引领，瞄准进入“国内一流高职学院”行列的目标进行创建。比如，中南大学已有材料科学与工程、临床医学、工程学、化学等13个ESI全球排名前1%的学科，建设目标就应瞄准进入国家争创“世界一流大学”或“世界特色大学”行列。这样的“发力”，就能避免我省“双一流”建设出现千篇一律、千校一面，从而呈现出高校发展的多元化、个性化、地方化特点，实现乘势而上，甚至后发赶超。

其三，擂好“鼓”，落实四大制度

在龙舟比赛中，擂鼓手往往能起到激励人心、统一步调的作用，铿锵有力的鼓声，能让划桨更有力，使航行更快速。当前，“双一流”建设已从理念共识阶段过渡到探索实践阶段，发展中碰到的种种问题，会成为建设道路上的“拦路虎”“绊脚石”。为了保证“双一流”建设取得预期效果，就需要进一步擂好“鼓”，制定好落实发展的种种制度，使得“双一流”建设更有力度、更加快速。《方案》提出，我省“双一流”建设之路的制度保障需要把握4个关键词，即“组织领导、项目规划、经费投入、部门联动”。组织实施好这四大制度，我省“双一流”建设就有了强大的推力，“航行”也就更快、更有力。

所谓“组织领导”，就是由省教育体制改革领导小组负责全省“双一流”建设的统筹协调、经费投入、绩效评价等重要事项决策，建立多部门协调机制，在高校成立党政一把手牵头的“双一流”建设组织机制，把“双一流”建设的目标任务落到实处。所谓“项目规划”，就是省教育厅会同省财政厅、省发改委等部门，研究制定全省“双一流”建设的项目方案，明确重点任务，科学规划建设的方式方法，研究制定推进“双一流”建设的重大政策举措，各高校也要把“双一流”建设纳入学校的整体发展规划之中。所谓“经费投入”，就是完善政府、高校、社会相结合的共建机制，形成多元投入、合力支持的格局，发挥好财政资金的杠杆作用，引导社会资金通过共建、联合培养、科技合作攻关等方式积极参与“双一流”建设，高校也要积极拓宽筹资渠道。所谓“部门联动”，就是省相关部门通力协作，形成合力，共同支持“双一流”建设，落实相关配套政策。比如，发改部门要将“双一流”建设纳入我省经济与社会发展“十三五”规划，在基本建设和重大项目立项等方面给予重点支持，财政部门要将“双一流”建设经费纳入预算，并加强资金监督管理，突出绩效导向，推动提高资金使用效益。

“双一流”建设是高等教育发展的新目标，也是我省高校建设的新机遇。我们相信，只要把《方案》落到实处，我省就一定能够抓住历史机遇，走出一条具有湖湘特色的“双一流”建设之路，全面提高高等教育的综合实力和区域竞争力。届时，湖湘子弟不用出省就能读上心仪的大学。

·信息链接·

我省部分高校“十三五”期间“双一流”建设目标

湖南大学：到“十三五”末，力争进入ESI前1‰的学科领域总数达到3个。湖大以建成世界一流大学为战略目标，力争到2046年稳居世界一流大学行列。

中南大学：到2020年，新增ESI学科排名全球前1%的学科2～5个，新增全球前1‰的学科1～2个，力争在有色金属、医学、轨道交通领域建成世界一流学科。

湖南师范大学：到2020年，学校率先进入湖南省拟支持建设的国内一流大学或特色大学行列，力争进入ESI全球前1%的学科达3～4个。

湘潭大学：到2020年，争取获得2011协同创新中心、世界一流学科建设等新的国家发展平台；到2028年，整体进入国内一流大学行列，综合排名在全国第60位左右。

长沙理工大学：以创建国内一流大学、国际一流学科，建设特色鲜明的高水平大学、跻身百强为总目标。

湖南科技大学：为顺利实现学校“十三五”建设目标，学校将从学科建设、人才培养、科学研究、校园文化等8个方面加强内涵建设。

中南林业科技大学：力争有2～3个学科进入全国一级学科排名前20%；实现全球ESI排名前1%学科零的突破。

11

打破身份的“藩篱”

——我省户籍制度改革给老百姓带来了哪些红利

·热点导读·

近年来，我省户籍制度改革陆续推出了省内户口网上迁移、出生证登记省内异地办理等便民措施，得到了广大群众的热烈欢迎。作为一项综合性很强的社会体制改革，户籍制度改革让城乡户口性质不再有别、进城落户不再是梦、基本公共服务不再有差、转移人口权益保障不再“没谱”、无户口人员上户不再无解，给老百姓带来了一系列实实在在的“红利”。

从2017年1月1日起，省公安厅推出出生登记省内异地办理便民利民新举措。新政规定，我省居民办理出生登记不需再回户籍地，在省内实际居住地的公安派出所即可办理，而且一次办结。这一举措既节省了费用，又节省了时间，极大地方便了在外地居住、就业、就学的群众。在此之前，我省公安机关还推出了省内户口网上迁移便民举措，让群众办理户口迁移不需再在迁出地、迁入地之间往返奔波、劳神费力，得到了广大群众的热烈欢迎。户籍制度改革作为一项综合性很强的社会体制改革，还将给我们带来哪些“好处”呢？

城乡户口性质不再有别

中央和省里之所以反复强调并强力推进户籍制度改革，就是因为原来的户口本上附着了太多的社会管理功能和福利待遇。一纸户口就是一道鸿沟，把人划分为三六九等，由此带来的待遇差别让很多人望“户口”兴叹。持有农业户口的，往往被贬称为“乡下人”；手捧非农业户口的，则被尊称为“城里人”。“乡下人”与“城里人”的称谓，表面是称呼的不同，其背后隐含的却是福利待遇的差别，反映的是城乡二元差异。

我省这次户籍制度改革便从这一症结入手，大刀阔斧，取消了农业户口与非农业户口的性质区分，不分城乡都统一登记为居民户口，“乡下人”和“城里人”的称谓也进入了“故纸堆”。改革后，我省公安机关户口登记不

·深度关注·

我国户籍制度改革的发展目标

2014年7月，国务院出台《关于进一步推进户籍制度改革的意见》，明确提出我国户籍制度改革的发展目标是：进一步调整户口迁移政策，统一城乡户口登记制度，全面实施居住证制度，加快建设和共享国家人口基础信息库，稳步推进义务教育、就业服务、基本养老、基本医疗卫生、住房保障等城镇基本公共服务覆盖全部常住人口。到2020年，基本建立与全面建成小康社会相适应，有效支撑社会管理和公共服务，依法保障公民权利，以人为本、科学高效、规范有序的新型户籍制度，努力实现1亿左右农业转移人口和其他常住人口在城镇落户。

我省户籍制度改革取消了农业户口与非农业户口的性质区分，不分城乡都统一登记为居民户口，还原了户籍制度的人口登记管理功能。

再标注户口性质，不再依据户口性质统计农业人口与非农业人口，而是根据户口登记地的城乡地域属性划分统计为城镇户籍人口和农村户籍人口。这一做法，作为构建城乡统一户口登记制度的第一步，还原了户籍制度的人口登记管理功能。

今后，我省还将建立与统一城乡户口登记制度相适应的教育、就业、卫生计生、社保、住房、土地、人口统计等相关制度，完善现阶段区分城乡政策待遇适用对象的具体办法，逐步消除城乡待遇差别，确保相关政策制度平稳衔接过渡，彻底消除附着在户口本上的各种非户籍功能。

进城落户不再是梦

过去，城乡之间有着一堵难以逾越的“防火墙”。除非是参军、升学、招工、招干，农业户口往往很难转为非农业户口，农民也难以成为市民。一个人即便是在城里工作、生活几十年，如果不能满足购买房屋、投资纳税等其他条件，也难以将户口迁入城市。城镇如此，大城市、特大城市更是如此。

我省此次户籍制度改革，便从这一关键入手，以合法稳定就业和合法稳定住所（含租赁）为基本条件，进一步调整了户口迁移政策。一是全面有序地放开中等及以下城市的落户限制，依照城区人口多少分别制定了落户政策；二是合理确定了大城市落户条件，只要满足稳定就业、缴纳社会保险并达到一定年限便可落户。总的来说，乡下人想成为城里人再也不是遥不可及的梦了。

观点·声音

取消户口城乡分割，实行统一的户口登记，这对于我们消除城乡歧视、城乡二元分割起到了一个制度上的釜底抽薪的奠定性作用。

——中国人民大学社会与人口学院副院长段成荣

《湖南省人民政府关于进一步推进户籍制度改革的实施意见》明确了取消城乡二元户籍制度，以后不再有农业户口和非农业户口的区别，消除了无形中出现的“等级现象”。但改革不是一朝一夕的事情，还需要在考虑城镇化实际的基础上，出台更多措施维护农民原本享受的权利。

——湖南省社科院副巡视员、二级研究员方向新

湖南人一向有“霸得蛮”的精神，敢于啃“户籍”这块硬骨头，是这种精神的体现。

——网友　@青山巍巍

值得一提的是，作为全国两型社会建设试验区的长株潭三市，随着长株潭一体化的不断推进，我省对三市之间的迁移落户给予了“区别对待”，明确规定，户籍在长沙、株洲、湘潭三市市辖区范围内的居民，在三市中的任一市市辖区，只要有合法稳定就业和合法稳定住所（含租赁）并参加城镇社会保险，就可以申请迁入其本人及共同居住生活的配偶、未婚子女、父母的户口。也就是说，长株潭户口可以有条件“兑换”了。

《湖南省人民政府关于进一步推进户籍制度改革的实施意见》（以下简称《意见》）明确提出放宽长株潭三市间落户条件，逐步消除三市间的户籍差异。

基本公共服务不再有差

为什么要取消农业户口和非农业户口的区别？为何大家对一纸户籍如此“上心”与在乎？这是因为，过去附着在户口上的管理服务等非户籍功能太多了。户口本上虽只有“一字之差”，但待遇却是“天壤之别”。同是户口，农业户口和非农业户口在就业、就医、社保等方面待遇千差万别。大城市和小城市不一样，小城市和城镇不一样，城镇和农村更不一样。

·热词点击·

居住证

居住证是中国一些发达城市借鉴发达国家“绿卡”制度进行的尝试，为中国制定技术移民办法、最终形成中国国家“绿卡”制度积累了经验。2016年1月1日，国务院颁布《居住证暂行条例》。条例规定，公民离开常住户口所在地，到其他城市居住半年以上，符合有合法稳定就业、合法稳定住所、连续就读条件之一的，可以申领居住证。居住证申请需提交本人居民身份证、本人相片以及居住地住址、就业、就读等证明材料。至2017年2月，已有25个省区市发布了居住证实施办法。

我省此次户籍制度改革，便从这一根本入手，围绕公共服务均等化，在取消农业户口和非农业户口的同时，加强管理和服务，不再让户口决定待遇。比如，我省正在实施的居住证制度就明确规定，居住证持有人不仅享有与当地户籍人口同等的劳动就业、基本公共教育、基本医疗卫生服务、计划生育服务、公共文化服务、证照办理服务等权利，还将享有与当地户籍人口同等的中等职业教育资助、就业扶持、住房保障、养老服务、社会福利、社会救助等权利。此外，居住证持有人还享有随迁子女在当地参加中考和高考的资格。

今后，随着我省户口登记中各种问题的妥善解决、基本公共服务提供机制的健全及人口信息系统管理制度的完善，我省公共服务均等化程度将得到更大提升。不管是在城里还是在乡下，你我都将得到更贴心、更周到的服务。

转移人口权益保障不再“没谱”

尽管我省取消了农业户口和非农业户口的区别，农民进城更加容易了，但有人心里还是会担忧：“我迁到城里后生活成本上升，如果没有正常的收入来源或生活保障，日子怎么过？”针对这一顾虑，我省在推进户籍制度改革的过程中，将最大限度地保障农业转移人口及其他常住人口的合法权益，以解决转移人口的“后顾之忧”。

在此次户籍制度改革过程中，我省主要从两个层面保障转移人口权益。一方面，注重改革完善农村产权制度。坚持依法、自愿、有偿的原则，引导农业转移人口有序流转土地承包经营权，探索开展在进城落户农民自愿的前提下有偿退出“三权”（土地承包经营权、宅基地使用权、集体收益分配权）试点。同时，不得以退出“三权”作为农民进城落户的条件。另一方面，注重扩大基本公共服务覆盖面。保障农业转移人口及其他常住人口随迁子女平等享有受教育权利，将农业转移人口及其他常住人口纳入社区卫生和计划生育服务体系，加快构建统一的就业失业登记管理制度、城镇社会保障体系、城乡居民基本养老保险制度、社会养老服务体系、社会救助体系和城镇住房保障体系，多方位保障农业转移人口的各种需求。

无户口人员上户不再无解

依法登记户口是法律赋予公民的一项基本权利，是公民参与社会

我省户籍制度改革分类解决无户口人员的落户问题，切实保障公民登记户口的合法权益。

事务、行使各项权利义务的前提。但过去由于多方面的原因，部分公民无户口的问题比较突出，这不仅不利于保护公民合法权益，也直接影响新型户籍制度的建立和完善。

我省此次户籍制度改革，便从这一老大难问题入手，要求加强出生登记和无户口人员户口登记工作，摸清无户口人员底数及主要原因，分类解决无户口人员的落户问题，切实保障公民登记户口的合法权益。明确出生人口户口登记不受附加条件限制，对于不符合计划生育政策的无户口人员，要把户口登记与征收社会抚养费脱钩，先办理户口登记，再将有关情况及时通报卫生计生部门。明确对于经反复调查仍难以认定的疑难无户口人员，可先办理户口登记并备注存疑情况，待核实后再作出相应处理。总之，不管无户口人员问题是什么时候、什么原因造成的，都要及时为他们依法办理户口登记，彻底解决这一历史遗留问题。

"海阔凭鱼跃，天高任鸟飞。"我们相信，随着改革的不断深化，户籍制度改革给我们带来的红利将会越来越多。我们也同样相信，拆除了户籍身份"藩篱"的湖湘大地，必将涌现出一番改革新气象。

·信息链接·

湖南首推"新生儿上户异地办理"

2017年，湖南省公安厅推出一系列便民利民新举措，其中"新生儿上户异地办理"在全国率先推出，深受百姓欢迎。

据"新生儿上户异地办理"新规定，自2017年1月1日起，凡根据新生儿落户原则需在湖南省登记户口的未满1周岁新生儿，监护人不局限于在户籍地办理上户手续，可以凭出生登记申报材料，在省内任何一个具有户口登记职能的公安派出所办理上户手续，将新生儿户口登记在户籍地。

新生儿的落户原则：按随父或随母自愿选择原则，可以在其父亲或母亲户口所在地登记户口。其中，新生儿父母一方为出国（境）人员、军人等在国内户口登记机关无户口人员或高等院校落集体户口学生的，随另一方登记户口；新生儿父母均为出国（境）人员、军人等在国内户口登记机关无户口人员或高等院校落集体户口学生的，可以在新生儿祖父母或外祖父母户口所在地登记户口；女士官新生儿可以在女士官驻地登记户口。

12

把好“总开关”

——我省如何加强和改进高校思想政治工作

·热点导读·

近年来，湖南高校思想政治工作建设卓有成效，涌现了一批师生道德楷模。今后，我省将通过以下措施，进一步加强和改进高校思想政治工作：一是坚守“主阵地”，高扬思想主旋律；二是畅通“主渠道”，实现理论入心灵；三是壮大“主力军”，言传身教育壮苗。只要全省各界共同努力，牢牢掌握意识形态的“总开关”、人才培养的“总开关”，我省高校思想政治教育工作必将开创新的局面。

2017年4月30日，湖湘儿女的微信朋友圈被湖南商学院6名学生勇救落水父女的感人事迹刷了屏。6名学生中，有3名是中共党员，在危急时刻，他们与游客一起折竹为桨、结衣为绳，用最原始的方法，将命悬一线的父女俩拉出了水面，用实际行动温暖了人们的心灵。无独有偶，近年来，湖南高校教师队伍中也涌现了一批舍己救人的教师师德楷模，比如湖南师范大学“最美画家”段江华、湖南大学“大学生思

2017年4月26日，全省高校思想政治工作会议在长沙召开，杜家毫强调要把正确政治方向和价值导向贯穿立校办学、育人育才全过程。图为会议现场。

想政治课好老师”龙兵等。一个个感人的人物，彰显出湖南高校思想政治工作建设的卓有成效。那么，我省将如何进一步加强和改进高校思想政治工作呢？

举措一：坚守“主阵地”，高扬思想主旋律

高校肩负着人才培养、科学研究、社会服务、文化传承创新、国际交流合作等重要使命，是巩固马克思主义指导地位、做好思想政治工作的主阵地。我们将始终坚持社会主义办学方向，加强马克思主义的学习研究和宣传，深入学习习近平总书记治国理政新理念、新思想、新战略，建设好马克思主义学院和马克思主义理论学科。2016年

5月17日，习近平总书记在全国哲学社会科学座谈会上的重要讲话中指出，马克思主义在一些学科、教材、论坛上存在“失语”“失踪”和“失声”的问题，要加强对学生的马克思主义教育，并以马克思主义指导其他学科的教学。之后，中央和湖南省委分别召开全国和全省的大学生思想政治工作会议，全面部署了新形势下的大学生思想政治工作。2017年，湖南省委宣传部联合教育部门创办了“‘三新’进校园”理论脱口秀电视节目——《学习明理》，推出了第一季节目《社会主义“有点潮”》，让学生们从社会主义思想潮、运动潮、制度潮和革新潮中认清国际共产主义运动的形势和社会主义的本质，增强大学生对社会主义道路、理论、制度和文化自信。这些生动活泼的教育活动，受到了大家的热捧。

同时，我们还将把培育和践行社会主义核心价值观与弘扬中华优秀传统文化紧密结合起来，与师生教学

· 数字点击 ·

我省推进大学生思想政治教育工作特色化与长效化成效显著

2009年，我省在全国率先提出并全面实施大学生思想道德素质提升工程，以项目化方式推进大学生思想政治教育工作。8年来，先后立项建设大学生思想政治教育特色项目、校园文化精品建设项目、德育实践项目、思想政治教育示范项目、辅导员团队建设项目、辅导员名师工作室项目、特色成长辅导室项目、改革创新项目、网络文化精品项目、实践育人共同体项目、心理素质提升示范校建设项目等各类省级项目2982项，投入经费4499多万元，并确立了“省级带动，校级铺开”的原则，要求申报省级立项的项目必须先获得校级立项，由此带动校级立项建设项目3000多项，投入经费5560多万元，全省高校90%以上的思想政治教育工作人员投入到项目建设。

我省广泛开展文明校园创建活动，寓思想政治教育于校园文化活动之中。图为2017年5月7日，第二届三湘高校社团交流论坛在湖南工业大学举行。

和学习紧密联系起来，进一步挖掘革命文化、红色文化、雷锋精神等湖湘特色文化的时代价值，找到湖湘文化与思想政治工作的结合点，引导广大师生做社会主义核心价值观的坚定信仰者、积极传播者及模范践行者。

校园文化能在高校思想政治工作中起到润物细无声的作用。如长沙市推行的“区校共建，打造道德高地”“区校共建专业志愿者服务基地”等做法就收到了很好的效果。2017年，全省将广泛开展文明校园创建活动，寓思想政治教育于校园文化活动之中。中央文明委将评选表彰首届全国文明校园和第六届全国道德模范，省里也要举办第五届校园文化论坛，这些举措将有力地推动我省优良校风和学风建设，不断巩固主阵地。

举措二：畅通“主渠道”，实现理论入心灵

思想政治工作归根结底是做人的工作，人在哪里，工作的重点就应该在哪里。思想政治课作为高校思想政治教育的主要形式，是给青年学生输送“思想营养”“精神营养”的主渠道。思想政治课“大餐”效果如何，关键在于学生是否愿意“吃”、是否易吸收，所以思想政治课不但教材要好，课堂也要精彩，学生才会愿意听。我们将积极引导高校不断增强教学的吸引力、说服力、感染力，变空洞说教为实

·深度关注·

高校思想政治工作的指导思想

2017年2月，中共中央、国务院印发的《关于加强和改进新形势下高校思想政治工作的意见》指出，加强和改进高校思想政治工作的指导思想是：高举中国特色社会主义伟大旗帜，全面贯彻党的十八大和十八届三中、四中、五中、六中全会精神，以马克思列宁主义、毛泽东思想、邓小平理论、“三个代表”重要思想、科学发展观为指导，深入学习贯彻习近平总书记系列重要讲话精神和治国理政新理念、新思想、新战略，全面贯彻党的教育方针，坚持社会主义办学方向，扎根中国大地办大学，以立德树人为根本，以理想信念教育为核心，以社会主义核心价值观为引领，切实抓好各方面基础性建设和基础性工作，切实加强和改善党的领导，全面提升思想政治工作水平，紧密团结在以习近平同志为核心的党中央周围，牢固树立政治意识、大局意识、核心意识、看齐意识，坚定不移地维护党中央权威和党中央集中统一领导，为实现“两个一百年”奋斗目标、实现中华民族伟大复兴的中国梦，培养又红又专、德才兼备、全面发展的中国特色社会主义合格建设者和可靠接班人。

我省创新思想政治课授课形式，使其更接地气，受到学生普遍欢迎。图为中南大学胡晓老师在上思想政治课。

例教学，变居高临下的灌输为平起平坐的互动，努力让思想政治理论课教师也“潮”起来，教学更加接地气，解决好“搭桥”“造船”的问题，使高校思想政治工作能“过河”、能“上岸”。

同时，我们将注重用好用活网络载体，充分运用“两微一端”、QQ、微视、网络论坛等网络工具，抢占、巩固网络阵地，搭建思想政治工作的新空间，形成课上课下、线上线下两个阵地相互呼应、协同运作的平台。

举措三：壮大“主力军”，言传身教育壮苗

教师队伍和思想政治工作队伍是高校思想政治工作的主力，他们对学生的思想行为影响更直接。为了提高高校教师队伍的思想理论素质，省里每年举办四期培训班，分别对高校马克思主义学院院长、宣传部部长、本科和职院的骨干教师等与大学生思想政治工作密切相关的主力队伍进行集中培训，突出加强对教师特别是青年教师的思想政治教育，不断提高他们的个人学养和人格魅力，真正做到“传道者自己首先要明道、信道”。

为吸引更多的优秀教师从事高校思想政治工作，省里决定，把思想政治工作队伍纳入高校人才队伍建设总体规划，不断优化他们的成长环境，着力打造一批“有理想信念、有道德情操、有扎实学识、有仁爱之心”的“四有”

观点·声音

上好高校思想政治理论课，一是要树立教学自信，教师自己真信才能使学生信。二是要理论联系实际，让马克思讲中国话，让基本原理变成鲜活道理，让理论接地气。三是要提高思政课的针对性，满足学生成才成长的需要和期待。四是要增强思政课的亲和力，学生只有亲其师方会信其道。

——清华大学马克思主义学院院长　艾四林

以思想政治理论课为主渠道，实现全程育人、全方位育人，应以教师和学生为核心，努力打造两个体系：一是凸显教师的主导性，紧紧抓住教材的重点和难点，及时回应教学中的疑点和热点，努力建设精品课程，实现教材体系向教学体系有效转化。二是凸显学生的主体性，重视校园文化建设，努力将课堂延伸至校园，以大学生理论社团为平台，构建思政课教师、辅导员和大学生三位一体的全方位育人体系。

——南开大学马克思主义学院院长　纪亚光

抓好高校思想政治工作，一是要以习近平总书记重要讲话精神统领高校工作，二是要切实增强做好高校思想政治工作的自觉性，三是要科学把握高校思想政治工作规律，四是要扎实推进高校思想政治工作落地见效，五是要全面落实高校思想政治工作责任。

——湖南省教育厅党组书记、厅长，省委教育工委书记　肖国安

2017年5月，长沙市委高校思想政治调研组深入长沙市高校调研思想政治工作开展情况。

好教师。我们还将扩大思想政治课的理论引导作用，切实贯彻“学术研究无禁区，课堂讲授有纪律”的原则，坚决防止突破政治底线、法律底线和道德底线的现象在高校课堂上出现。

百年大计，教育为本。我们坚信，只要全省各界共同努力，久久为功，意识形态的“总开关”、人才培养的“总开关”必将牢牢地掌握在党和人民手中，我省高校思想政治教育工作必将开创新的局面。

·信息链接·

湖南加强重点马克思主义学院建设

根据中宣部、教育部关于加强马克思主义学院建设的要求，湖南以重点马克思主义学院建设为抓手，着力加强和改进高校思想政治工作。

一、建章立制抓规范。在全国率先出台《关于支持建设一批省级重点马克思主义学院和重点思想政治理论课教学科研机构的实施方案》，遴选并重点支持湖南大学等5所高校和湖南中医药大学思想政治课教学部等7所高校的相关教学科研部门，细化考核标准，规范重点马克思主义学院和重点思想政治理论课教学科研机构教研人员的职业行为。

二、搭建平台抓引领。设立马克思主义学院高端论坛和青年论坛，围绕“新时期重点马克思主义学院的机遇、担当与使命”“湖南青年马克思主义者与发展21世纪中国马克思主义”主题讨论交流，组织有关专家就“中国为什么需要马克思主义”“认真学习科学社会主义发展史”“加强新时期大学生思想政治教育”等进行专题讲座。设立马克思主义学院专项研究课题，启动“新时期马克思主义学院建设的机遇与挑战”重大委托课题研究，组织省级重点马克思主义学院开展集中攻关。

三、加强保障抓发展。出台教师激励制度，规划了马克思主义学院“德师”评选，首批“十大德师”评选将于2017年进行；建立师资培训制度，在全省哲学社会科学教学科研骨干研修班中单列马克思主义学院教学科研人员专题研修班。完善经费保障制度，协调落实省级重点马克思主义学院每年财政投入100万元，省级重点思想政治理论课教学科研机构每年财政投入50万元，并明确相关高校以不低于50%比例予以经费配套。

13

以规矩成方圆

——我省如何推进全面从严治党向纵深发展

·热点导读·

办好中国的事情，关键在党。全面从严治党不是到达时，而是进行时。2017年，我省以党的十八届六中全会精神为指引，从打好作风建设“持久战”、压实管治责任“中空板”、筑牢挺纪在前的“防火墙”、架起重拳反腐“高压线”等方面入手，在“常”和“长”、“严”和“实”、“深”和“细”上下功夫，开启了全面从严治党的新征程。

2017年五一节前夕，为进一步贯彻落实中央八项规定、省委九项规定精神，驰而不息纠“四风”、治陋习，树新风、扬正气，确保节俭文明廉洁过节，湖南省纪委印发了《关于开展2017年五一端午节期间纠正“四风”专项监督检查的通知》。在五一节、端午节等重要的传统节日为廉洁自律打上“着重号”，反的是“四风”，树的是新风，既浸润着全面从严治党的清朗风气，也是我省全面从严治党的一个缩影。办好中国的事情，关键在党。管党

为防止"四风"问题反弹，营造风清气正的节日氛围，我省节前监督紧盯"四风"问题。图为2017年"五一"前夕，湖南省纪委检查组出发前小组负责人随机抽取任务。

治党关系党和国家的前途命运。新年新起点，以党的十八届六中全会精神为指引，我省全面从严治党又开始了新的征程。

打好作风建设"持久战"

敬终如始方能善作善成。纪律风气的整肃、责任意识的强化、执行能力的提升，绝非一日之功。尤其是许多作风问题具有顽固性、反复性和隐蔽性的特点，稍有放松便会反弹，或以一些变异形式回潮。为打好作风建设攻坚战，我省将坚持严字当头、实字托底，一方面要管出好作风，对陋习顽疾持续下药；对顶风违纪严惩不贷；对"四风"问题新形式、新动向，要睁大眼睛、露头就打，不做"老好人”，不和稀泥，不走形式，不走过场。另一方面，要带出好作风，以踏石留印、抓铁有痕的耐心和定力，用好巡视“利剑”，重要节庆一个一个地坚守，顽症一个一个地解决，建立健全作风建设常态化机制，坚决防止“四风”反弹。同时，推动巡视工作全覆盖，有的放矢、精准打击，并通过巡视整改倒逼改革、推动工作。还要干出好作风，始终坚持以绩效论英雄、凭实绩用干部，引导和鼓励广大党员干部干在一线、冲在前头，争做“狮子型”干部、“老黄牛式”干部。始终坚持群众公认、公平公正、用人所长的选人用人原则，严把政治关、作风关、能力关、廉洁关，用强大的用人正气，促干事创业风气的巩固和提升。

·深度关注·

中央深入推进全面从严治党

2016年10月24日至27日，中国共产党第十八届中央委员会第六次全体会议在北京举行，研究全面从严治党重大问题，审议通过了《关于新形势下党内政治生活若干准则》和《中国共产党党内监督条例》。

全会总结了我们党开展党内政治生活的历史经验，分析了全面从严治党面临的形势和任务，认为办好中国的事情，关键在党，关键在党要管党、从严治党。党要管党必须从党内政治生活管起，从严治党必须从党内政治生活严起。为更好进行具有许多新的历史特点的伟大斗争、推进党的建设新的伟大工程、推进中国特色社会主义伟大事业，经受“四大考验”、克服“四种危险”，有必要制定一部新形势下党内政治生活的准则。

全会号召，全党同志紧密团结在以习近平同志为核心的党中央周围，全面深入贯彻本次全会精神，牢固树立政治意识、大局意识、核心意识、看齐意识，坚定不移维护党中央权威和党中央集中统一领导，继续推进全面从严治党，共同营造风清气正的政治生态，确保党团结带领人民不断开创中国特色社会主义事业新局面。

压实管治责任“中空板”

“有权就有责，有责须担当”不是一句空洞的口号，只有将责任层层叫响、级级压实，推动各级党组织责任上肩、任务落实，才能防止出现“中空层”和“夹生饭”。近年来，湖南在推进党风廉政建设责任制方面积累了大量有益的经验和做法。下一阶段，我省要紧紧牵住“两个责任”的“牛鼻子”，抓牢抓实责任分解、责任考核、责任报告、责任追究等关键环节，做到真管真严、敢管敢严、长管长严，就落实党风廉政建设责任制作出部署安排，层层签订责任状，开展集中述廉评议以及廉政谈话、民主测评、民意调查、工作评估，确保“两个责任”落地生根。同时，我省将抓牢“关键少数”不放松，确保“两个责任”落小落细、到底到边。把“关键作用”体现在以身示范上，做好慎独慎微的表率，拒腐防变，始终保持共产党员的本色；体现在能干事敢担当上，在“马上就办”中展示执行的高效率，在“善作善

·数字点击·

我省严肃党风党纪　铁腕治腐

近年来，我省共查处违反政治纪律和组织纪律的党员干部1489人，其中厅级干部41人、处级干部354人。

全省纪检监察机关共接受信访举报31.44万件（次），处置问题线索61177件，立案54657件，结案53968件，给予党纪政纪处分53897人，移送司法机关2730人。省纪委立案305件，结案288件，处分307人。在查处的案件中，“一把手”违纪案3779件，占6.9%。其中，涉及正厅级实职25人，县（市、区）党政正职66人。同时，我省扎实推进反腐败国际追逃追赃工作，通过“天网”行动，共追回外逃人员43名，涉案金额40.25亿元。

成”中交出执行的成绩单，在不断“钉钉子”中彰显执行的坚韧性，还要拧紧“失责必问”压力阀。动员千遍不如问责一遍，一个案例胜过一打纲领。加强对主体责任落实情况的监督，敢于动真碰硬，勇于执纪问责，推动失责必问、问责必严形成常态；全面落实领导干部年度述职述廉、主体责任全程纪实、约谈和签字背书等制度，不当“老好人”，不做太平官；严格区分失责情形，通过约谈提醒一批、诫勉谈话一批、公开通报一批、组织处理一批、纪律处分一批，以严肃问责激发管党治党的担当精神，倒逼管党治党责任落实。

筑牢挺纪在前的“防火墙”

“蠹众而木折，隙大而墙坏。”党纪党规是党员干部不可逾越的底线，违纪的口子一旦打开，党员干部就可能滑向蜕化变质的深渊。因此，要把纪律和规矩“挺”在前面，使其成为管党治党的尺子和不可逾越的底线。

一是“四种形态”动真格。“四种形态”是挺纪在前的具体行动，应当正确把握好常态、大多数、少数和极少数的关系，把住第一道关口，防止小变大、一变多、违纪变违法，让纪律和规矩成为党员干部成长的“安全带”和“护身符”。

二是堵住廉政风险点。“治标须治本”，发挥案件查办的治本功能，找出廉政风险点，督促完善制度；加大对暗箱操作、“提篮子”“白手套”等违纪违法行为的查处力度；紧盯土地出让、专项资金使用、政府采购等重点领域，加强监督检查。

三是常念宣传教育“紧箍咒”。克服“事前不管不问，事后兴师问罪”的懒政怠政思维，加强党规党纪经常性教育，建立和完善党规党纪宣传教育机制，让党规党纪内化于心、外化于行，引导党员干部自觉安装思想上的“杀毒软件”，实现从“不敢”到“不能”“不想”的转变；严肃党内政治生活，筑牢纪律规矩的“防火墙”，使“红脸出汗”“咬耳扯袖”成为常态；敲响“警示钟”，加大典型案例曝光和剖析力度，“以案释纪”，做到处理一个警示一片，从思想根源上消除党员干部的违纪苗头和侥幸心理。

四是坚持执纪“尺子”量到底，扎紧织牢纪律和规矩的笼子，做到有纪可依、有纪必依，防止出现“制度空白”；压实“纪在法前”，处理好“树木”和“森林”的关系，真正把纪律和规矩立起来、严起来，执行到位，让党员干部心怀戒惧、行有所止；解决执行纪律失之于宽、松、软的问题，对较严重违纪问题直查快办，对涉嫌违法的及时移送司法机关，做到一把尺子执纪到底。

架起重拳反腐“高压线”

“新松恨不高千尺，恶竹应须斩万竿。”腐败是腐蚀党的肌体、消磨党员意志的毒瘤。反对腐败，必须具备猛药去疴、刮骨疗毒的决心和勇气，做到力度不减、节奏不变、尺度不松，坚持无禁区、全覆盖、零容忍。我省将从哪些方面打出反腐重拳呢？一是要“减存抑增”盯重点。加大执纪审查力度，把存量减下来，把增量遏制住，持续形成震慑。重点审查不收敛不收手，问题线索反映集中、群众反映强烈，现在重要岗位且可能还要提拔使用的领导干部，三类情况同时具备的是重中之重。盯紧土地出让、工程建设、资金管理、资产处置、资本运作、选人用人、行政执法和司法等关键领域的腐败问题，果断出手，重拳出击。二是要严治身边“微腐败”。深入开展“雁过拔毛”式腐败问题专项整治，紧盯社会保障、专项资金、征地拆迁、“三资”管理、教育及医疗卫生等领域，解决发生在基层和群众身边的生冷硬推、吃拿卡要、与民争利问题，基层党员干部以权谋私、虚报冒领、贪污侵占问题，严肃查处“小官大贪、小吏大腐”，打通全面从严治党的“最后一公里”。三

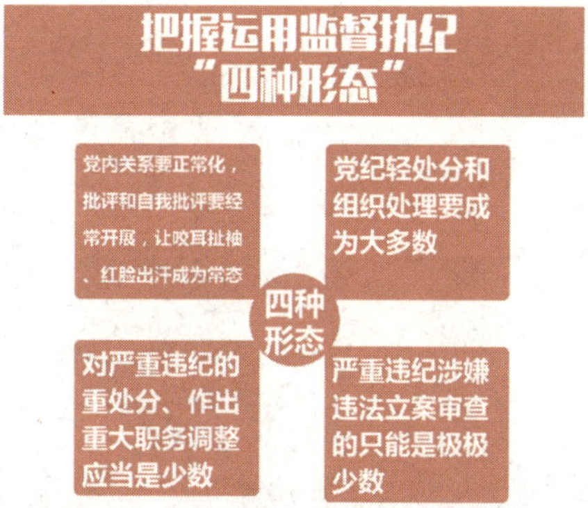

监督执纪的“四种形态”是挺纪在前的具体行动，应当正确把握好常态、大多数、少数和极少数的关系。图为“四种形态”的具体内容。

观点·声音

任何人都没有“丹书铁券”，任何领域都没有“铁帽子王”。一个个“老虎”相继落马，反“四风”步步为营，让全社会对党中央反腐倡廉的决心更有信心，也让大家对更良好的政治生态充满了信心。

——湖南省委政策研究室干部　胡远志

落实党委的主体责任与纪委的监督责任、教育与惩处、他律与自律以及领导带头与严抓共管之间，是同一责任体系中既相对分开又相互联系的两个层面，关键是如何做好当中的“结合”。

——湖南省委党校教授　陈平其

反“四风”既要严肃查处顶风违纪的直接责任者，也要问责有领导责任的单位和个人，形成坚决反“四风”的高压态势。

——网友　@提着主义向前

腐败是腐蚀党的肌体、消磨党员意志的毒瘤，我省坚持反腐无禁区、全覆盖、零容忍。图为2016年12月29日，湖南省纪委派驻机构全覆盖工作会议在长沙召开。

是要用好执纪监督“探照灯”。改进执纪审查方式，落实执纪审查工作以上级纪委领导为主，对瞒报、漏报和不按规定及时报告的严肃处理；建立纪律处分决定执行监督平台，强化执纪审查过程的监管；强化党内监督，有“愿监督”的自觉，习惯于在“聚光灯”“放大镜”下工作和生活；有“敢监督”的担当，把领导干部置于党组织、党员干部、人民群众全方位的监督之下；有“善监督”的智慧，坚持党内监督和外部监督相结合，切实做到有权必有责、用权受监督；要把监督执纪的权力关进制度的“笼子”，纪检监察机关要加强自身建设、强化自我约束，以身作则，坚决防止“灯下黑”。

“志行万里者，不中道而辍足。”全面从严治党不是到达时，而是进行时，任重而道远。只有拿出愚公移山的精神、滴水穿石的韧劲，在“常”和“长”、“严”和“实”、“深”和“细”上下功夫，方能不负时代所愿，不负人民所托，挺直腰板、胸怀底气地向全省人民交上一份满意的答卷。

·信息链接·

湖南层层压实“两个责任”

湖南省第十一次党代会报告指出，要自觉担当起全面从严治党的政治责任，把从严要求贯彻到管党治党全过程、落实到党的建设各方面，做到管党有方、治党有力、建党有效。

省委严肃党内政治生活，加强党内监督，先后出台《中共湖南省委加强常委会自身建设的意见》《省委全会工作规则》《省委常委会工作规则》《中共湖南省委关于贯彻落实党的十八届六中全会精神推进全面从严治党向纵深发展的意见》等文件，推动党的十八届六中全会精神持续深入贯彻落实。

省委出台《关于落实党风廉政建设党委主体责任和纪委监督责任的意见》，并在全国率先编印下发《党员领导干部落实主体责任操作手册》《落实监督责任操作手册》，推行主体责任清单、领导干部落实主体责任全程记实制度。

在省委的示范带动下，各级党组织扎实开展“两学一做”学习教育，推动全面从严治党向基层延伸，“两个责任”向县乡、高校、国有企业不断深化。

14

广开便利之门

——我省如何进一步推进“放管服”改革

·热点导读·

“放管服”改革是全面深化改革特别是供给侧结构性改革的重要内容。李克强总理在2017年全国“两会”上的政府工作报告中提出，要让企业和群众更多地感受到“放管服”的改革成效。为此，我省将从加大“放”的力度、强化“管”的能力、优化“服”的质量三个方面，将“放管服”改革向纵深推进，除烦苛之弊、施公平之策、开便利之门。

2017年全国“两会”上，李克强总理在政府工作报告中提出，要坚决除烦苛之弊、施公平之策、开便利之门，着力打通“最后一公里”，让企业和群众更多感受到“放管服”改革的成效。

“放管服”改革包括简政放权、放管结合、优化服务三个方面，是全面深化改革特别是供给侧结构性改革的重要内容，被视为全面深化改革的“先手棋”、转变政府职能的“当头炮”。

这几年，“放管服”改革取得了很大成效，人民群众的改革获得感明显增强。但我们也要深刻认识到，“放管服”改革绝非一朝一夕之功，越到后面，越是难啃的硬骨头，需要更大的勇气和魄力。

·深度关注·

我国推进简政放权、放管结合、优化服务改革的重点任务

2016年5月23日，由国务院发布的《2016年推进简政放权放管结合优化服务改革工作要点》，明确了三个方面的重点任务。一是持续简政放权，继续深化行政审批改革，深入推进投资审批改革，扎实做好职业资格改革，持续推进商事制度改革，积极开展收费清理改革和监督检查，扩大高校和科研院所自主权，以政务公开推动简政放权，进一步激发市场活力和社会创造力。二是加强监管创新，实施公正监管，推进综合监管，探索审慎监管，促进各类市场主体公平竞争，促进社会公平正义。三是优化政府服务，提高“双创”服务效率，提高公共服务供给效率，提高政务服务效率，加快推动形成更有吸引力的国际化、法治化、便利化营商环境。

就我省而言，在进一步推进“放管服”改革上，将以“刀刃向内”的勇气，加大“放”的力度，强化“管”的能力，优化“服”的质量，坚定不移地将“放管服”改革向纵深推进，确保“该放的放到位、该管的管到位、该服务的服务到位”。

加大“放”的力度

放，即简政放权，也就是要努力厘清政府、市场、社会三者的关系，打破那些束缚社会活力的条条框框，来激发市场活力和人民群众创造力。

2017年5月20日下午，省政府召开全省深化“放管服”改革电视电话会议，持续推进“放管服”改革向纵深发展，全力打造“放管服”改革湖南升级版。上图为湘潭分会场；下图为张家界分会场。

从2014年至今，我省在这方面确实下了不少“猛药”：通过机构改革，省政府工作部门从48个减至46个，省直10个行业管理机构全部撤销；市州本级共减少部门管理机构28个，减少正处级机构152个；推行权力清单制度，保留省级行政权力3722项，各市州本级行政权力保留在3000项左右，平均精简32%。仅2016年，我省就取消了137项行政审批权，减少投资项目报建审批事项23项。

但是，我省并没有就此“刹车”。2017年全省“两会”的政府工作报告明确提出，要继续简政放权，深化行政审批制度改革，进一步精简行政审批事项。

2017年4月份，省政府发出通知，对10个部门的36项行政权力事项进行调整。仔细梳理发现，被调整的36项行政权力事项中，有26项是取消。比如说，“机动车驾驶培训教练员从业资格认定”“直销企业产品审批”“市县级电视台变更台标”等原属于“行政许可”类别的事项，被直接取消了。而其他10项行政权力事项，有的是下放到市县一级，有的则是合并。

除了省政府层面统一推进的简政放权事项，各职能部门也积极开展“权力瘦身”。比如，工商部门在继续深入推进商事制度改革中，正进一步深化“先照后证”改革，将原来的5项前置审批事项改为后置审批；在“五证合一”基础上，全面推行“多证合一”；逐步推行企业登记全程电子化。

据了解，我省在简政放权方面，还将围绕重点领域和关键环节，推出一批高“含金量”的改革举措，推进关联、相近类别审批事项“全链条”取消或下放。这样大刀阔斧地改革，就是要以“削手中的权、去部门的利、割自己的肉”的自我革命方式，进一步放权于市场、让利于群众。

·热词点击·

“双随机”抽查机制

在2015年7月的国务院常务会议上，李克强总理就“双随机”抽查机制做了阐释：“建立随机抽取被检查对象、随机选派检查人员的‘双随机’抽查机制，意味着每个市场主体的头上都悬着一把‘达摩克利斯之剑’，企业必须增强守法自觉性；同时也意味着执法人员只能阳光行政，不能再‘看谁不顺眼’就去检查，即用制度限制监管部门的自由裁量权。”双随机抽查机制通过对企业数据录入、查询、评级、行政处罚等数据进行综合处理，将行政年审、审核、复查、执法等工作环节相结合，双随机抽检应用到数字执法综合信息处理平台实现了整个行政执法事务的数字智能化，规范了行政执法等各环节的工作流程，提高了工作效率，缩短了工作时间，方便了人民群众。

强化“管”的能力

简政放权，并不意

味着政府部门可以“卸担子”，而是从不必要的审批中抽身出来，将更多的时间和精力用来加强事中、事后的监管和追责。“放”和“管”，就好比是车的两个轮子，只有把两个轮子都做圆了、平衡了，车才能跑得好。这方面，我省正在积极酝酿出台行政审批事中、事后监管制度，以提升监管能力和监管效果。

比如说，商事制度等改革之后，新的市场主体大批涌现，如果监管跟不上，“劣币驱逐良币”的扭曲效应会放大，会严重制约诚实守信经营者和新的市场主体的发展。

为了有效防止这种现象出现，我省正在抓紧制定加强个人诚信体系建设的实施意见，重点在食品药品、安全生产、环境保护、税收缴纳、劳动保障等16个重点领域，以及公务员、律师、教师、认证人员等14类主要职业人群中率先建立个人诚信

序号	事项名称	类别	实施主体	调整意见	备注
1	铬化合物生产建设项目审批	行政许可	省经信委	取消	
2	散装水泥专项资金征收	行政征收	省经信委	取消	
3	软件企业认定及产品登记	行政确认	省经信委	取消	
4	电力行政监督检查	行政监督	省经信委	由省级保留变更为市县属地管理	
5	专用铁路兼办公共旅客、货物运输营业审批	其他行政权力	省经信委	将实施主体由省经信委变更为省政府（承办部门省交通运输厅）	
6	基金会分支机构设立、变更、注销登记	行政许可	省民政厅	取消	
7	慈善组织设立、变更、注销登记及慈善组织公开募捐资格审批	行政许可	省民政厅	新增为省级保留事项	省市县根据权限划分分级审批
8	加工利用国家限制进口、可用作原料的废五金电器、废电线电缆、废电机等企业认定	行政许可	省环保厅	取消	
9	违反建设项目“试生产”规定的处罚	行政处罚	省环保厅	取消	
10	重点环境管理危险化学品环境管理登记证核发管理	其他行政权力	省环保厅	取消	
11	机动车驾驶培训教练员从业资格认定	行政许可	省交通运输厅	取消	
12	省立项水利水电建设项目环境影响报告书（表）审核	行政许可	省水利厅	取消	
13	权限内水工程建设规划同意书审批	行政许可	省水利厅	合并为一项，合并后的事项名称为：权限内建设项目洪水影响评价审批	
14	权限内河道管理范围建设项目涉河管理事项审批	行政许可	省水利厅		

2017年4月，湖南省政府发布《关于调整有关部门行政权力事项的通知》，对工作部门权力清单中的36项行政权力事项进行调整，其中包括组织机构代码证书收费在内的24项事项被取消。图表为被取消或调整的部分事项。

2017年是实施“十三五”规划的重要一年，也是供给侧结构性改革的深化之年，商务诚信是促进各项改革工作的重要推手。图为2017年1月11日，第四届湖南省企业诚信建设主题活动总结大会在长沙举行。

记录，同时建立跨部门联动响应机制和失信惩戒机制。信用优良者，将享受到“绿色通道”等便利措施；而严重失信者，将纳入“黑名单”管理并受到行政性约束和惩戒，遭遇“一处失信，处处受限”的尴尬局面。

在监管手段上，积极运用物联网、云计算、大数据等技术，实施智能监管。比如说，使用智能化执法终端，实现监管和执法办案的全程信息化，提高市场监管效能；整合抽查抽检、网络市场监测、违法失信、投诉举报等相关信息，加强监管风险监测研判，做到早发现、早预警。

创新日常监管方式，普遍推广“双随机”抽查机制。建立市场主体名录库和执法检查人员名录库，通过摇号等方式，随机抽取检查对象、随机选派执法检查人员，确保监管执法的科学性、公正性。此外，地方政府必须要求所有基于办事人申请的行政审批和公共服务事项一律进驻政务服务大厅，规范审批流程，强化窗口主导，推进政务服务规范化、标准化，全程电子监察，让政府权力在阳光下运行。

优化“服”的质量

“放管服”改革有没有效果，最终要体现在办事效率的提升上，关键要看群众和企业办事是不是更便捷。

我省着力优化政府服务，提高公共服务供给效率，提高政务服务效率，努力让群众少跑腿、少烦心、多顺心。

2017年的全省“两会”，二维码小小地火了一把。在“两会”代表和委员住地，用手机扫一扫大堂借阅机上的二维码，便可浏览并下载3000多册免费书籍及电子版“两会”专题文献。“过去，‘两会’热点专题都是小册子，起

观点·声音

加快发展集约效能型电子政务，提高行政效率和公共服务能力，是促进政府职能和运行机制转变、打造现代服务型政府的一项重大战略举措。

——湖南省政协经济科技委员会主任、中南大学教授 吴金明

自从有了“长沙交警”微信公众号，交罚单、查扣分都可以用手机完成，根本不需要再花大力气去交警队排长队了。

——网友 @悠go月

没想到现在申请企业名称，在手机上就可以搞定，真是太方便了！

——市民 陈先生

码得拿个近十本。今年，扫一扫，手机里就全有了。”省政协委员朱建华竖起大拇指，夸赞这种将“电子图书馆”搬到“两会”的服务模式。

一个毫不起眼的二维码，却实实在在提高了“两会”的沟通效率和服务水平，展现出互联网在政务服务中的独特价值。

借力互联网，我省围绕“智能便捷、公平可及”提升服务水平，全力打造办证办事方便、咨询解难便利、项目审批快捷、投诉反应有效、阳光监督到位的服务体系，打造政务服务“一张网”。力争将各类服务事项预约、申报、办理、查询等全流程网上运行，同时把实体政务大厅、网上政务平台、移动客户端、自助终端、服务热线结合起来，实行线上线下一体化运行。

我省借力互联网，提高公共服务供给效率，“让群众少跑腿，让信息多跑路”。图为湖南国税长沙市人力资源和社会保障等部门推出的手机客户端办事服务大厅。

随着互联网政务的发展，我们相信，今后人民群众将越来越感受到互联网的便利，以往要跑断腿才能办好的事，现在坐在家里打个电话或点下鼠标就能解决。行政效率的提升，折射出各级政府“让群众少跑腿，让信息多跑路”的理念和实践，也为“放管服”改革成效写下注脚。

·信息链接·

打造“放管服”改革湖南升级版

2017年5月20日，省政府召开深化“放管服”改革电视电话会议，提出要全力打造“放管服”改革湖南升级版，重点在以下几方面发力。

“放”，重点是降低制度成本，优化审批服务，深化商事制度改革，建立阳光高效的审批体制。

“管”，重点是加快形成行政监管、行业自律、信用监管、社会监督、公众参与“五位一体”的制度监管体系，探索跨部门、跨区域执法监管联动响应和协作机制，积极推进权责清单标准化，不断提高事中事后监管的科学性有效性。

“服”，重点是全力打造一体化政务服务平台，大力推行标准化政务服务管理，推广“提前介入”“一费制”“一窗办理”等做法，探索构建“政企社共建”模式，畅通服务群众“最后一公里”。

15

医保并轨　群众更方便

——我省如何整合城乡居民基本医保制度

·热点导读·

2017年是我省整合城乡居民基本医疗保险制度全面启动实施的第一年，为继续完善城乡居民医保配套政策，健全全省统一的城乡居民医保制度，推进城乡医保制度“并轨”，我省将主要从以下几个方面入手：一是“全民医保、应保尽保”“先纳入、后规范”；二是提升服务效率，城乡待遇平等；三是为贫困户医疗减负，严惩骗保行为。

双峰县甘棠镇低保困难群众张女士因患乳腺癌，2017年先后在双峰县人民医院、湖南省肿瘤医院、湖南中医药大学第一附属医院住院治疗，累计花去医疗费用逾35万元。其中，城乡居民基本医疗保险报销了12万元；剩余医疗费用又按娄底市城乡居民大病保险政策报销了80%，同时还获得商业保险公司补偿18万元。

这是我省整合城乡居民基本医疗保险制度，实施城乡居民大病保险，着力缓解“因病致贫、因病返贫”的一个缩影。

2016年7月，我省公布《关于整合城乡居民基本医疗保险制度的实施意见》，对全省城镇居民基本医疗保险和新型农村合作医疗两项制度进行整合。2017年是我省整合城乡居民基本医疗保险制度全面启动实施的第一年，我省将继续完善城乡居民医保配套政策，健全全省统一的城乡居民医保制度，推进城乡医保制度“并轨”。

“全民医保、应保尽保”“先纳入、后规范”

为建立全省统一的城乡居民医保制度，我省于2016年印发了《湖南省城乡居民基本医疗保险实施办法》。为确保城乡居民医保制度整

2016年7月，我省印发《湖南省城乡居民基本医疗保险实施办法》，确保城乡居民医保制度整合顺利推进。

合顺利推进，接下来将全力推进实施“一整合、六统一”。

“一整合”，即整合管理职能。明确将城镇居民医保、新农合管理和经办职能归口人社部门，以2016年8月30日为时间节点，按照“编随事走、人随编走”的原则，及时做好机构设置、编制和人员划转、资产移交等工作。

·深度关注·

促进医保支付方式改革，保障参保人员权益

2017年6月20日，国务院办公厅发布《关于进一步深化基本医疗保险支付方式改革的指导意见》（以下简称《意见》），对下一步全面推进医保支付方式改革作出部署，明确了深化医保支付方式改革要坚持保障基本、建立机制、因地制宜、统筹推进四大原则。

《意见》明确自2017年起，要进一步加强医保基金预算管理，全面推行以按病种付费为主的多元复合式医保支付方式。各地要选择一定数量的病种实施按病种付费，国家选择部分地区开展按疾病诊断相关分组（DRGs）付费试点，鼓励各地完善按人头、按床日等多种付费方式。到2020年，医保支付方式改革覆盖所有医疗机构及医疗服务，全国范围内普遍实施适应不同疾病、不同服务特点的多元复合式医保支付方式，按项目付费占比明显下降。

“六统一”，即统一参保范围、筹资政策、保障待遇、医保目录、协议管理和基金管理。统一参保范围。按照“全民医保、应保尽保”的原则，将农村居民、城镇非从业居民、在校大中专学生以及国家和省规定的其他人员等职工医保参保范围以外的人员，也全都纳入城乡居民医保制度保障范围。

统一筹资政策。城乡居民医保实行年缴费制度，居民以家庭、在校大中专学生以学校为单位整体参保，困难人群参保由民政医疗救助、财政补贴给予缴费补助。

统一保障待遇。统筹考虑、合理确定城乡居民医保制度待遇水平。设置一年过渡期，按照“就高不就低”的原则，妥善处理新制度与原有政策差异的个案问题。

统一医保目录。统一合并建立新版湖南省基本医疗保险药品目录、诊疗项目目录、高值医用耗材目录和医疗服务设施范围目录，从2017年1月1日起在全省统一执行。

统一协议管理。按照“先纳入、后规范”的原则，将原城镇居民医保和新农合定点医疗机构，整体纳入城乡居民医保协议管理范围；统一协议医疗机构管理办法，强化服务协议管理，建立健全考核评价机制和动态准入退出机制。

统一基金管理。整合城镇居民医保基金和新农合基金，建立城乡居民医保基金。

目前，我省已初步建立起全省统一的城乡居民

·数字点击·

我省新医保缴费标准及报销比例

2017年，城乡居民医保筹资标准不低于570元（财政补助420元、个人缴费150元）。以后根据国家有关政策规定和经济发展水平、居民收入状况、医疗消费需求等情况，逐步提高政府补助和个人缴费标准。

湖南省新型农村合作医疗协调领导小组日前出台意见明确：一般情况下，一级及一级以下医疗机构(一般是乡镇卫生院)应当不低于75%；二级医疗机构不低于60%；三级医疗机构不低于45%。住院费补偿起付线：一般情况下，乡镇卫生院不超过100元，县级医院不超过300元，市级医院不超过500元，省级医院不超过700元。封顶线：按新农合运行年度住院补偿累计，原则上不得低于30000元。

城乡医保“并轨”后，我省各地启动城乡居民医保基金专项治理行动等措施，切实保障城乡居民医保基金安全，维护广大人民群众基本医疗权益。图为湖南省审计厅安化县医保基金审计组深入乐安镇蚩尤村等地，走访调查困难群体大病保险补偿等问题。

基本医疗保险制度。

提升服务效率，城乡待遇平等

城乡医保“并轨”后，全省各地通过集体约谈相关村干部、推动城乡居民大病保险业务移交保险公司、启动城乡居民医保基金专项治理行动等措施，切实保障城乡居民医保基金安全，维护广大人民群众基本医疗权益。

其一，重在有效解决全国普遍存在的重复参保、重复补贴问题。

观点·声音

城乡居民医保制度整合后，城乡居民不再受城乡身份的限制，参加统一的城乡居民医保制度，按照统一的政策参保缴费和享受待遇，城乡居民能够更加公平地享有基本医疗保障权益。

——国家卫计委卫生发展研究中心医疗保障研究室副主任　顾雪非

通过整合医保基金、统一定点管理，参保居民可以享受到城乡一体化的经办服务，城乡居民医保关系转移接续也会更方便。

——中央财经大学保险学院教授　褚福灵

建立统一的城乡居民基本医疗保险制度，会提高资金的使用率，规范管理，而且让城乡居民更加公平地享受两项制度的权益。

——长沙市民　王先生

比如，长沙市通过信息系统整合，共筛查出近10万人交叉参保。以全省重复参保率为5%的保守估算，每年可节省财政补助资金约10亿元。

其二，保证“农村人”和“城里人”享有同等医保待遇。实行城乡整合，保证城镇居民与农村居民的参保缴费标准一致，无差别享有基本医保待遇。例如，城乡居民医保住院年度最高支付限额在原城镇居民医保10万元的基础上，统一提高到15万元；城乡医保目录统一后，增补121个药品品种，纳入报销的药品达到2540种，较原新农合药品目录增加了1100多种；城乡居民医保住院报销比例，整体提高5个百分点左右。

其三，给参保人员看病就医提供更多选择。原城镇居民医保和新农合定点医疗机构将整体纳入城乡居民医保协议管理范围，参保者可选择看病就医的医疗机构明显增多。

其四，解决参保者异地就医出现的“垫支、跑腿”问题。全省通过实行统一的异地就医即时结算政策，建立省、市两级结算平台和异地就医结算周转金制度，在全省范围内看病可以实现即时结算。

其五，提升经办管理服务效率。通过进一步增强医保经办机构的谈判能力、监管力量，实现统一的政策标准、结算办法和信息系统，保证参保者看病就医更加便利，经办管理服务的效率显著提升，医疗机构的负担大大减轻。

为贫困户医疗减负，严惩骗保行为

2017年，我省将继续完善城乡居民医保配套政策，健全全省统一的城乡居民医保制度。

一是优化城乡居民大病保险制度。我省城乡居民大病保险已实现全面覆盖。大病患者住院费用报销比例普遍提高了10至15个百分点，

我省积极完善城乡居民医保配套政策，健全全省统一的城乡居民医保制度。图为2016年10月，我省在长沙召开全省整合城乡居民基本医疗保险制度工作动员部署电视电话会议。

农村重大疾病患者实际报销比例达71.8%。我省将积极开展医疗保险和救助脱贫，对建档立卡贫困人口（含特困人员）提供基本医疗保障、大病保险、医疗救助“三重医疗保障”，切实减轻贫困人口医疗负担，努力防止因病致贫、因病返贫。

二是加强城乡居民医保管理监督。通过建立城乡居民医保省级定点医疗机构省、市、县三级联动稽核工作机制，打出一套医疗服务监管“组合拳”，加大对骗取、套取医保基金违法违规行为的打击惩处力度。以株洲市人社局为例，他们每天从全市41家医保定点医院的住院患者中，随机挑选出100多名，安排监管人员下到定点医院临床科室，通过“三查一问”的方式，进行现场核查，成效明显。

三是全面深化医保支付方式改革。2017年我省将把支付方式改革放在医改的突出位置，推进医疗、医药领域的供给侧改革，激励医疗机构加强自我管理，发挥医保支付对医疗机构和医务人员的激励约束作用。

2017年，是我省整合城乡居民基本医疗保险制度的实施“元年”，全省各地继续开足马力，加大宣传，增强监督，必将促进城乡居民医保制度更加完善、保障更加公平、管理服务更加规范、医疗服务更加高效。

·信息链接·

24个省市区城乡医保归口人社部门

2016年初，国务院印发《关于整合城乡居民基本医疗保险制度的意见》，就整合城镇居民基本医疗保险和新型农村合作医疗两项制度，建立统一的城乡居民基本医疗保险制度提出明确要求。

截至2017年5月底，北京、天津、河北、内蒙古、上海、浙江、江西、山东、河南、湖北、湖南、广东、广西、重庆、云南等24个省市区对建立统一的城乡居民医保制度进行了总体规划部署，并将管理部门统一划归至人社部门。各地一般按照“先归口、后整合”的路径，理顺行政管理体制；按照“筹资就低不就高、待遇就高不就低、目录就宽不就窄”统一政策，采取“一制多档、筹资与待遇相衔接”的方式逐步过渡，建立起统一的城乡居民基本医疗保险制度。

16

从《小戏骨》成为“网红”说开去

——我省如何弘扬中华优秀传统文化

·热点导读·

党的十八大以来，党中央高度重视中华优秀传统文化的弘扬，全国各地对弘扬优秀传统文化的认识不断提高。我省坚持文化强省战略，着力构建中华优秀传统文化传承发展体系，通过繁荣文艺创作、创新宣传推广、融入生产生活，让中华优秀传统文化“活”起来、“热”起来、“用”起来。

2017年春节期间，由一群“00后”小朋友们主演的《小戏骨·花木兰》在腾讯视频上线，迅速火遍朋友圈，爆红网络。这是湖南广播电视台《小戏骨》栏目继推出《白蛇传》《白毛女》《补锅》等剧目后的又一力作。和以往经典影视剧被翻拍遭观众吐槽不同，“小戏骨”系列小孩们“演经典、学经典”的模式得到广泛赞誉，被专家称赞为“传承经典的典范”。

“小戏骨”系列的走红其实并不意外。党的十八大以来，以习近

我省坚持文化强省战略，充分利用湖湘文化资源，推动优秀文化作品和节目不断涌现。图为湖南人民出版社倾力打造的精品图书《中国古代历史图谱》。

平同志为核心的党中央大力倡导弘扬中华优秀传统文化，全国各地对弘扬优秀传统文化的认识有了新的提高。近年来，我省坚持文化强省战略，着力构建中华优秀传统文化传承发展体系，先后出台《关于繁荣发展社会主义文艺的实施意见》《关于支持戏曲传承发展的意见》等文件，致力于形成党委统一领导、党政群协同推进、有关部门各负其责、全社会共同参与的工作新格局，全省各地掀起了弘扬中华优秀传统文化的新热潮。

一、繁荣文艺创作，让中华优秀传统文化“活”起来

“小戏骨”系列之所以能火起来，关键是将传统历史文化经典通过“萌娃演戏”的方式进行了创新传承。实践证明，只有善于从中华文化资源宝库中提炼题材、获取灵感、汲取养分，运用丰富多样的艺

·热词点击·

湖湘文化

湖湘文化是以湖南为中心的地域性文化。先秦、两汉的楚文化对两宋以后建构的湖湘文化有着重要的影响，是湖湘文化的源头之一。湖湘文化在历经先秦湘楚文化的孕育、宋明中原文化的洗礼后，在近代造就了“湖南人材半国中”“中兴将相，什九湖湘”“半部中国近代史由湘人写就”“无湘不成军”等盛誉。

术形式进行当代表达，才能让中华优秀传统文化“活”起来。

为此，我省充分利用湖湘文化资源，推动优秀文化作品和节目不断涌现。在整理研究出版方面，推出了《湖湘文库》《走向世界丛书（续编）》《中国古代历史图谱》等一批精品图书。在文学艺术方面，创作生产了一批优秀传统文化题材文艺作品，如小说《大清相国》《黄埔四期》、戏剧《谭嗣同》《桃花源记》《齐白石》、电影《湘江北去》《毛泽东与齐白石》《难忘的岁月》、电视剧《毛泽东》《彭德怀元帅》《思美人》、动画片《翻开这一页》等。在文艺节目制作方面，推出了《公共大戏台》《汉语桥》《戏曲春晚》等一批传播传统文化的电视栏目。这些优秀文艺作品和栏目，如春风化雨，深深地滋养了三湘儿女。下一步，我省还将继续加大组织扶持力度，让优秀传统文化在湖湘大地上遍地开花。

二、创新宣传教育，让中华优秀传统文化“热”起来

“小戏骨”系列之所以能够得到艺术前辈们的点赞，在于它既让小演员们通过表演经典受到道德教育，也让观众通过节目接触到更多

的传统文化，感悟真善美。

为了让中华优秀传统文化“热”起来，我省一方面围绕立德树人的根本任务，坚持弘扬中华优秀传统文化“从娃娃抓起”。深入开展戏曲进校园、非遗进校园等活动，将艺术精品进校园作为培育戏曲新观众、弘扬中华优秀传统文化的有效手段来推进。比如，省木偶皮影艺术保护传承中心与地方素质教育基地签订合约，把“湖南皮影戏”送进小学、幼儿园，每年展示演出200多场，服务学生近5万人次。又如，长沙市组织开展青少年戏骨选拔大赛，在全省范围内网罗钟爱戏曲艺术和表演的青少年“小戏骨”同台竞技，吸引民众广泛关注。

近年来，邵阳市城步县各级中小学校积极开展“国学文化进课堂”活动，增加学生对国学文化的了解，培养对国学文化的热爱。图为2016年11月14日，城步苗族自治县儒林镇中心小学的学生在练习书法和珠算。

另一方面加大宣传普及力度，让弘扬中华优秀传统文化“从你我做起”。融合报纸、电台、网络等多媒体资源，综合运用举办讲座、开展活动等多种方式，大力彰显中华文化魅力。如举办“欢乐潇湘”群众文艺会演、“雅韵三湘”高雅艺术普及计划等品牌活动，重点支持传统地方戏曲剧节目创作演出。又如，开展“送戏进万村”等演艺惠民活动，每年送戏曲到农村1万场以上。再如，开展文化遗产保护工作，永顺老司城被列入世界文化遗产名录，苗族赶秋、安仁赶分社作为“二十四节气”的重要组成部分被联合国教科文组织列入人类非遗名录。此外，我省积极举办岳麓书院讲坛、湖湘大学堂、湘图讲坛等活动，营造人人宣传推介传统文化的氛围。如湖湘大讲堂自2011年创办以来，深入机关、高校、社区举办200多场演讲，被誉为“三湘大地一道流动的亮丽文化风景线”。

·深度关注·

实施中华优秀传统文化传承发展工程的主要内容和重点任务

2017年1月，中共中央办公厅、国务院办公厅印发《关于实施中华优秀传统文化传承发展工程的意见》，就实施中华优秀传统文化传承发展工程的主要内容和重点任务做了明确要求。

主要内容：一是核心思想理念；二是中华传统美德；三是中华人文精神。

重点任务：深入阐发文化精髓；贯穿国民教育始终；保护传承文化遗产；滋养文艺创作；融入生产生活；推动中外文化交流互鉴。

湖南通过重点支持传统地方戏曲剧节目的创作演出，来弘扬中华优秀传统文化。图为2017年7月29日，湘剧《护国》首次在株洲演出。

三、融入生产生活，让中华优秀传统文化“用”起来

“小戏骨”闯出了新路子，发掘出一个主流价值观、精良艺术感和市场需求性共生的“富矿”，也衍生出一条包括产品创意、传播销售等在内的“小戏骨”产业链，成为我省将中华优秀传统文化内涵融入生产生活各方面的一个缩影。

我省坚持依托湖湘文化资源，积极推进传统文化创意转化和科技提升，致力于形成一批具有地方和民族特色的文化项目、园区和品牌，让中华优秀传统文化真正能够“用”起来。

举措一：开发文化旅游演艺项目。比如，我省目前已开发的《张家界·魅力湘西》《边城》《烟雨张家界》《中国出了个毛泽东》等

多个旅游地演艺项目市场反响不错，其规模效应、集聚效应和产业集中度已然形成。《中国出了个毛泽东》公演近3年来，已接待游客140万人次，成为湖南红色旅游的新名片。2016年，《张家界·魅力湘西》年接待游客量突破100万人次，门票收入近1亿元，带动相关产业收入超过10亿元。

举措二：建设特色产业基地园区。坚持加大对文化产业示范基地和园区的政策扶持，推动形成一批特色文化区域。如长沙市望城区打造了新康戏乡、靖港古镇等一批特色文化乡镇，建成了欧阳询文化园、铜官窑遗址公园等一批特色文化项目。又如，通道侗族自治县建成“侗锦织造技艺”生产基地，成为我省4个国家级非遗生产性保护示范基地之一，其研发的“梭说侗锦亚麻系列作品”，在2017年5月举办的第十三届深圳文博会上大放异彩，并荣获首届湖南文创设计大赛

观点·声音

弘扬传统文化是好事，但在具体实践中，要注重加强对传统文化“营养”价值的具体分析，注重“营养均衡”。任何时代对于传统文化的继承都有一个取精弃粕的过程，弘扬什么、抛弃什么，要根据时代的要求有所不同。

——全国政协常委、国家京剧院原院长　吴　江

现代中国人不能随意贬斥我们的先贤，就像你不能随意贬斥你的父母一样。当代中国人需要唤起一种对国学、对先人创造的文明的尊敬。

——岳麓书院院长　朱汉民

在当前泛娱乐化的时代，媒体应肩负起更多传播中国优秀传统文化的重任，用心制作出如《中国诗词大会》《中国成语大会》《朗读者》等这样的高质量文化类节目，不在多，而在精。

——网友　@王风鼎气

金奖。

举措三：打造传统文化节会品牌。比如，通过举办吉首鼓文化节、通道大戊梁歌会、江华瑶族盘王节、城步六月六山歌节等传统节庆活动，培育和打造了一批具有国内外知名度的文化旅游节会品牌。我省将继续坚持提供具有鲜明区域特点的文化产品和服务，既丰富老百姓的文化生活，又为地方经济发展提供重要支撑。

我省依托湖湘文化资源，形成了一批具有地方和民族特色的文化项目与品牌。上图为将湘西地区的民风民情、民间技艺等与现代舞台的声光电技术有机融合的演艺节目《张家界·魅力湘西》；下图为湖南重点打造的文化旅游节庆活动品牌之一的2016年吉首鼓文化节活动现场。

"问渠哪得清如许，为有源头活水来。"中华优秀传统文化是中华民族的根和魂，是繁荣发展社会主义文艺的源头活水。只要坚持以人民为中心的工作导向，不忘本来、吸收外来、面向未来，推进中华优秀传统文化的创造性转化和创新性发展，中华优秀传统文化必将焕发新的魅力和勃勃生机。

·信息链接·

湖南省将实施五项少数民族优秀传统文化传承发展工程

为贯彻落实中共中央办公厅、国务院办公厅《关于实施中华优秀传统文化传承发展工程的意见》，我省根据少数民族“省情”，将实施五项少数民族优秀传统文化传承发展工程。

一是民族文化设施建设工程，包括民族标识性文化工程，示范性县级图书馆、文化馆、博物馆，村级公共文化服务中心，“非遗”保护利用设施建设等；二是特色民族文化品牌保护工程，包括少数民族文艺演出、物质和非物质文化遗产保护和传承、民族工艺品发展等；三是民族文化遗产保护和传承工程，包括“非遗”文化园、国家重大文化和自然遗产地、全国重点文物保护单位、中国历史文化名城名镇名村保护设施建设；四是少数民族文艺创作精品工程，实施少数民族文艺创作精品工程，培育对外文化交流精品；五是少数民族体育健身工程，包括全民健身活动中心、农民体育健身工程、体育基地建设、传统体育传承人培养等。

17

还网络一个清朗空间

——我省如何形成良好的网络舆论生态

·热点导读·

习近平总书记指出，网络空间是亿万民众共同的精神家园。为打造安全健康有序的网络生态环境，还网络一个清朗空间，我省从“立”“管”“疏”三方面着手：让理性主流声音“立”足、将违法违规信息“管”住、对网民群众诉求“疏”导，让互联网更好地造福国家和人民。

2017年5月中旬，网上一篇无端歪曲、抹黑长沙城市规划的文章引起了网信部门的关注。3天后，经核查，该文系抄袭旧帖、添加虚假信息而成，发帖人在接受网信部门教育后于网上撰文公开道歉。这是湖南推进依法治网的一个普通案例，也是网络舆论生态治理的一次生动实践。

习近平总书记指出，网络空间是亿万民众共同的精神家园。网络空间天朗气清、生态良好，符合人民利益。网络空间乌烟瘴气、生态恶化，不符合人民利益。近年来，面对信息技术发展日新月异、

我省大力实施网上内容建设工程，打响网络正面宣传主动仗。图为2017年2月26日，“迎接党的十九大”系列网络主题活动之“脱贫攻坚看湖南”活动在湖南张家界启动。

网络舆情错综复杂、网民诉求集中呈现的新形势，我省着力做好“立”“管”“疏”三篇文章，让互联网这个“最大变量”释放最强正能量，让网络空间日益风清气正。

让理性主流声音“立”足

网络舆论生态好不好，首先要看主流声音强不强、理性声音多不多。营造天朗气清的网络空间，就要理直气壮唱响网上主旋律，更多地发出好声音。

努力让议题设置鲜活起来。近年来，我省大力实施网上内容建设工程，精心策划主题，精准设置议题，积极运用鲜活生动的“网言网语”，网上正面内容的吸引力、感染力进一步提升。省第十一次党代会期间，一大批专业化解读、民生化视角、生动化表述、文艺化呈现的鲜活报道，取得了让党代会精神“听到听懂、入心入脑”的传播效果和舆论反响，实现了网上舆论的正向引领。下一步，我省还将继续坚持内容为王、质量取胜的原则，以正面宣传成风化人、凝心聚力，培育积极健康、向上向善的网络舆论生态。

坚持让正面信息流动起来。网络空间没有“真空地带”，如果正面声音不够充沛，负面信息就会乘虚而入。近年来，我省紧紧围绕全国、全省工作大局，精心组织开展了精准扶贫、湖南好网民、未成年人绿色上网公益活动、王新法先进事迹等一系列重大网络主题宣传，打响了一场又一场网络正面宣传主动仗，利用传播矩阵，用好高端平台，让湖南好声音在网上流动，形成了强大的主流舆论声势。在正面引领带动下，全省网络空间正能量更

·深度关注·

网络治理有法可依

2016年11月7日，中国网络空间治理的第一部完整法律《中华人民共和国网络安全法》（以下简称《网络安全法》）正式公布。《网络安全法》包括总则、网络安全支持与促进、网络运行安全、网络信息安全、监测预警与应急处置、法律责任、附则七大章，自2017年6月1日起施行。

《网络安全法》是网络安全管理的基础性“保障法”，坚持“防御、控制与惩治”三位一体，注重网络安全的关键控制节点，关键信息基础设施安全保护办法是该法的重中之重。《网络安全法》对维护网络空间主权、规范网络安全实践、指导下位法的制定完善等意义重大，影响深远。

随着“互联网+”、物联网的快速发展，各种网络攻击行为随之而来，网络安全成为全球关注的焦点和难点。图为2016年湖南网络安全数据列表。

加充沛、主旋律更加高昂，网上舆论生态持续向好。

切实让理性声音领跑起来。在做大做活正面宣传的同时，针对网上舆论关注度高、争议性大的热点话题，我省及时组织主流媒体、权威人士释疑解惑，有效分化负面情绪流，牢牢掌握了正面声音传播的主导权，把互联网从“最大变量”化成了最大正能量。比如，在长沙承办的“3·23”中韩足球赛前，我省提前发布文明观赛倡议书，组织网络名人倡导“理性文明评球”，让“网民教育网民”，有效引导了广大球迷。我省将继续科学引导网上舆论，确保权威信息在传播过程中不偏向、不偏轨，让党委、政府的主流声音真正成为网络舆论的压舱石、定盘星。

将违法违规信息“管”住

互联网在带来巨大信息流的同时，也衍生了许多负面效应。面对网络谣言、网络诈骗、网络色情等有害信息，我省坚持依法治网，实行监管、查处和群防群治多措并举，努力构建良好的网络生态屏障。

强基固本，筑牢“防火墙”。构建良好网络舆论生态，互联网企业是第一道防线。近年来，湖南网信战线以“重基本规范、重基础管理，强化属地管理责任、强化网站主体责任”为抓手，制定出台关于加强全省新媒体内容管理相关意见，实现了从“外在管网”向“内在治网”的转变。为更好地摸清互联网信息服务主体的“家底”，我省网信部门已初步建立管理台账，并指导10家单位发起成立湖南省新媒体协会，引导省内新媒体加强自律管理，以求进一步为网上信息源头正本清源。

观点·声音

目前，网络空间环境虽然有了很大改善，但也要清醒地看到，净化网络环境并非一日之功，更不可能一蹴而就、一劳永逸，网络治理依然面临长期性和复杂性。

——国家网信办发言人　姜军

执政者的心要跟着网络一起敞开，去容纳、去包容，在利用网络汇集民智的同时，也要维护好这个最便利的平台。

——湖南省人大代表　杨维

作为网民，应分清是非，辨别真伪，理性发声，共同维护好健康有序的网络环境。

——网友　@三月枫火

依法治理，拉紧“高压线”。互联网不是法外之地，说教千遍不如查处一次。近年来，我省认真组织开

5月17日是一年一度的世界电信日。2017年5月17日，由湖南省委网信办联合省文明办、省教育厅等九部门发起的“湖南省未成年人绿色上网公益活动”正式启动。上图为知名主持人汪涵在活动现场宣读湖南省未成年人绿色上网倡议书。下图为活动现场参加启动仪式的未成年人代表。

展“净网”“护苗”“剑网”“扫黄打非”等20多项网络内容治理专项行动，仅2016年就处理违法违规账号39万多个，删除各类违法违规信息76万多条，移交公安机关办案线索30多件，约谈违规网站及微信公众号54家，重点打击了“京港澳高速汨罗段发生油罐车爆炸事故”“面条含‘胶’”等网络谣言案件20多起，教育训诫47人，拘留16人。我省将继续高举依法查处的利剑，对网上违法违规行为形成有效震慑。

群策群力，搭建“安全网”。构建风清气正的网络空间，需要群防群治、共享共建。我省创新开展网络举报工作，制定了《湖南省网络志愿者招募管理办法》，实施了网络举报“千人计划”，打响了一场对网上有害信息的“人民战争”。与此同时，我省不断加强网络文化建设，组织开展“湖南省未成年人绿色上网公益活动”，向全社会发出“绿色、文明、健康上网”的积极倡议，在三湘大地掀起了一场

"绿色上网"热潮。

对网民群众诉求"疏"导

重视和解决网民诉求是网络空间清朗之本。为更好掌握和化解网上群众诉求，我省探索运用互联网开展群众工作，率先打出"网络问政、网上理政、网下勤政"组合拳，有效疏导了网上民意。

网络问政，构建政民互动政务矩阵。从2001年红网创办全国第一个网络问政平台——《百姓呼声》栏目，到目前红网成立全国媒体第一个专门的网上群众工作部，我省一直高度重视打造网络问政平台，充分发挥主流媒体联系党和政府与人民群众的桥梁与纽带作用，打造了众多收集网络民意、回应网民诉求、督促解决民生困难的网络主平台、主阵地。为了更好地推动政民网上互动，我省还将进一步大力推动"新湖南""时刻新闻"等客户端把互动频道的触角延伸到基层，飞入千家万户，真正实现政民掌

·热词点击·

网络问政

网络问政有广义和狭义之分。从狭义上讲，网络问政是政府主动邀请公众就经济社会发展问题通过媒介进行相互协商，政府从中树立起阳光政府、执政为民的积极形象，公众也很好地行使公民的权利和义务，是一种集思广益、实现双赢的措施。广义的网络问政是指以网络为媒介，政府和公众进行双向沟通，最后得出双方满意结果的一个过程。显然，广义的网络问政不单是政府主动邀请公众对社会问题进行协商，还含有公众通过网络载体给政府的建议、咨询、质问、应答、评议以及投诉。它在互动性、平等性、直接性、便捷性、多元性等方面的特征更加明显，是政府问计于民、公众问事于政的统一。

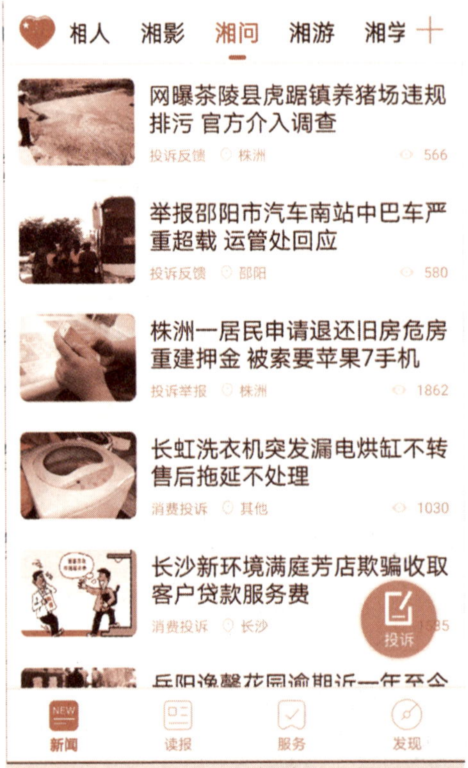

2016年，新湖南《湘问》频道正式上线，并与湖南日报网《读者来信》、华声在线《投诉直通车》加速融合，形成党报、党网、党端三位一体的湖南省首个融媒体问政平台。图为新湖南手机客户端《湘问》页面，内容均为“问政”投诉内容。

上互动、指尖互联。

网上理政，打通疏导民意最短路径。在人民网的《地方领导留言板》，网民给湖南省委主要领导的留言，已形成了专人收集、归类、上报、交办、反馈的常态化办理流程。在省政府门户网站，网民给“省长信箱”的留言或投诉，直接连入省网上信访系统进行处理。依托这些网上理政的成熟机制，老百姓田间地头的一个诉求很快就能送到领导干部的办公案头。为了更好地收集网络民意，我省将继续高度重视网上群众工作，努力答好群众工作的“网络题”。

网下勤政，深化网络群众工作效果。省委、省政府主要领导的示范效应，直接带动了各级领导把党的群众路线向互联网延伸。在红网，全省305名县市区党政一把手上网认领《百姓呼声》和《问政湖南》网民留言，从网民线上留言登记、交办、承办、催办，到干部线下呈签、回复、督办、归档，每一个诉求都要经历“流水线作业”，形成了网上积极回应和网下解决问题的闭合回路。同时，我省还建立了网民留言联合督办机制，将留言办理纳入绩效考核，一年来，共交办督办网民留言300多件次、回应解决问题3万多个。

网络互联千万家，网络连接你我他。共建清朗网络空间，非一朝之功，不可一蹴而就，需要持之以恒的努力。我们相信，随着依法治网的不断深化，网络空间必将更加风清气正，互联网必将更好地造福国家和人民。

·信息链接·

湖南成立打击治理电信网络新型违法犯罪中心

2016年8月16日，湖南省（长沙）打击治理电信网络新型违法犯罪中心（反诈骗中心）正式成立。这一中心由公安、商业银行、银联公司和通信运营商等部门工作人员合署办公。他们将与网络诈骗犯罪分子“赛跑”，力争做到涉案资金“即时查询、紧急止付、快速冻结、原路返还”。

“防、堵、封、打”是反诈骗中心的四大功能。“防”是指反诈骗中心推送研判预警，各成员单位参与实施精准宣传，从源头上减少案件的发生；“堵”是指资金流坐席对涉案账号快速查询，快速冻结、止付；“封”是指信息流坐席对涉案电话进行快速封堵处理，根据诈骗电话号码规律特点，不断改进拦截策略；“打”是指省市两级公安机关负责案件受理、警情研判、案件侦破等工作。

18

让发展插上互联网的翅膀

——我省如何打造“移动湘军”

·热点导读·

移动互联网产业是引领经济新常态的新风口、激发创新创业的新舞台、惠及社会民生的新路径。发展移动互联网产业，湖南具有“敢为人先”的文化传统、“先人一步”的发展基础及“人无我有”的比较优势。近年来，我省充分发挥自身优势，出台了一系列专项扶持政策，集政府、企业、社会三方合力，推动移动互联网与文化创意、实体经济深度融合，共同打造强有力的“移动湘军”。

2017年3月31日，“移动互联网湘军”齐聚“2017岳麓峰会之移动湘军论坛”现场，共商共论湖湘产业发展大计、共畅共享业界热点未来趋势。作为一个已经连续举办多届的高峰论坛，岳麓峰会既是移动互联网产业在湖南蓬勃发展的一个缩影，也已成为世界观察湖南发展的一扇窗口。近年来，省委、省政府出台一系列专项扶持政策，着力打好“湘情牌”，吸引了一大批企业和资本在湘齐聚，推动移动互联网与文化创意、实体经济深度融合。“北

省委、省政府大力推进移动互联网产业发展，主动作为，以服务意识积极为我省移动互联网产业营造良好的发展环境。图为2017年3月4日，省委书记、省人大常委会主任杜家毫一行考察58集团总部和转转公司。

有中关村、南有马栏山”“北有武汉‘光谷’、南有长沙‘云谷’”的产业发展新格局正在形成，湖南已成为移动互联网产业成长的一片热土。

选择移动互联网产业，湖南为什么？

移动互联网产业是引领经济新常态的新风口。互联网产业是具有无限潜力的战略性、基础性、先导性产业，具备渗透性强、辐射带动面广、发展潜力大、技术与附加价值高等鲜明特点。特别是移动互联网产业，在适应经济新常态上发挥着引领和支撑作用。从供给角度看，移动互联网发展带动了投资增长，并通过乘数效应刺激经济发展。从需求角度看，移动互联网带动了就业，拉动了消费增长，创造了新的消费形式。一方面，移动互联网催生了前所未有的新兴业态；另一方面，移动互联网又从经营、管理、营销、销售等多个环节对传统经济进行了革命性改造。就当前而言，移动互联网产业将让湖南发挥后发赶超优势，推进经济结构战略性调整，形成新的经济增长点。

移动互联网产业是激发创新创业的新舞台。移动互联网时代的到来，降低了大众创业的门槛，万众创新也并非高不可攀，一个创意点子也许就能创造出一个新行业，几个人的团队也许就能开拓出一片新天地。在移动互联网时代，连接一切成为可能。自2014年以来，我省移动互联网产业快速发展，长沙已经成为移动互联网产业创新和发展的高地。以58到家、远大美宅、中清龙图、拓维信息、易宝支付、中移电子商务、步步高支付、快乐购、御泥坊、友阿云商为代表的移动互联网创新创业案例遍地开花，形成新的经济亮点。我省移动互联网创新创业大会已经举办3届，成为行业大咖、精英学者、创新人才和创业新秀

·数字点击·

湖南省2016年移动互联网发展成绩单

2016年，湖南新引进移动互联网重大项目30余个，全省移动互联网产业企业总数突破2万家，移动互联网产业年收入达591亿元，近3年年均增速超过100%。

以长沙高新区为核心，株洲、湘潭、郴州、衡阳等地的16个功能性产业园为配套的移动互联网产业格局基本形成。其中，长沙建成中电软件园、长海创业基地、芯城科技园等园区，聚集企业3200多家，全国移动互联网产业“第五城”实至名归。

长沙“互联网+”总指数在全国351个城市中排名第九位；“互联网+智慧城市”分指数高居全国第三位，仅次于深圳、广州。

互联网技术应用于解决民生问题，将有效提升群众办事效率和惠民程度。图为长沙望城区政务服务中心3D实景网上政务大厅，与现实环境完全一致的高清3D画面给办事群众以身临其境之感。

交流的新平台。随着我省对移动互联网创业扶持力度的加大，大量创新型企业和创新型人才将会找到自己的舞台，大众创业、万众创新的气氛将会更加浓厚。

移动互联网产业是惠及社会民生的新路径。移动互联网不仅影响产业分工，同时也给老百姓的生活方式带来改变。加快移动互联网在民生领域的普及和应用，把“人与公共服务”通过数字化的方式全面连接起来，有助于解决看病难、教育资源不均衡以及防治雾霾等新老重大民生问题。我省已经与腾讯、阿里巴巴、华为等国内互联网企业建立了合作联系，探索移动互联网在社会民生方面的应用。特别是在积极推进智慧城市建设和打造以云计算、物联网、人工智能、信息挖掘等新一代信息技术为支撑的新的城市形态方面，湖南已经先行一步。目前，我省已有株洲市、常德市、长沙县等19个市县被列入国家智慧城市试点范围，“智慧城市”极大方便了群众的衣食住行。

发展移动互联网产业，湖南凭什么？

一是湖南具有“敢为人先”的文化传统。湖南是一个人才辈出的地方，“敢为人先”“经世致用”“吃得苦，霸得蛮”等文化精神已经融入湖南人的血脉，成为湖湘文化的标识。面对新世界、新事物，湖南人从来就不缺少心胸和气度。移动互联网时代更需要这种“敢为人先”的精神气质。早在“互联网+”风口形成之初，湖南就提前布局，出台系列政策措施，推动移动互联网产业在湖南落地生根。如长沙，在全国范围内较早地提出了打造“移动生活之都”的目标，其前瞻思维、扶持力度和政策含金量都居全国前列。

二是湖南具备“先人一步”的发展基础。湖南在发展移动互联网产业方面具备得天独厚的基础。地理位置方面，湖南位于东部沿海地

湖南是移动互联网产业发展的热土，自2014年以来，移动互联网岳麓峰会已成为互联网湘军的盛会，更受到国内外互联网行业的瞩目。图为2017年3月31日，2017移动互联网岳麓峰会在长沙启幕。

区和中西部地区过渡带、长江开放经济带和沿海开放经济带结合部，区位优势明显。科研人才方面，湖南信息服务业从业人员数量居中部第一，在信息技术方面的院士数量处于全国前四、中部第一，拥有国防科技大学、中南大学等一批科研实力雄厚的高校。产业基础方面，"移动互联网湘军"已初现雏形。2016年，湖南移动互联网企业已突破2万家，实现总收入接近600亿元。集聚区建设方面，长沙高新区率先成为湖南省移动互联网产业集聚区，正在按照全国一流移动互联网产业集聚区的标准加紧建设，常德、株洲、衡阳等市正紧锣密鼓规划建设移动互联网产业园。这些都是湖南推动移动互联网产业发展的重要支撑。

·深度关注·

促进移动互联网健康有序发展，激发信息经济活力

2017年初，党中央、国务院印发《关于促进移动互联网健康有序发展的意见》，就激发信息经济活力作了明确表述。

加快制定完善信息经济发展政策措施，将发展移动互联网纳入国家信息经济示范区统筹推进，鼓励移动互联网领先技术和创新应用先行先试，扶持基于移动互联网技术的创新创业，促进经济转型升级、提质增效。加快实施"互联网+"行动计划、国家大数据战略，大力推动移动互联网和农业、工业、服务业深度融合发展，以信息流带动技术流、资金流、人才流、物资流，促进资源优化配置，促进全要素生产率提升。创新信息经济发展模式，增强安全优质移动互联网产品、服务、内容有效供给能力，积极培育和规范引导基于移动互联网的约车、租房、支付等分享经济新业态，促进信息消费规模快速增长、信息消费市场健康活跃。

三是湖南具有"人无我有"的比较优势。政策方面，省、市各

级政府陆续出台了一系列扶持移动互联网产业发展的政策措施，特别是《关于鼓励移动互联网产业发展的意见》《关于鼓励移动互联网产业发展的若干政策》等扶持政策，在全省层面进行战略布局。行业方面，在全国的移动互联网领域，近三分之一是湘籍企业家，涌现出“微信之父”张小龙、陌陌创始人唐岩、58同城创始人姚劲波等一大批湘籍领军人物。这些都是湖南发展移动互联网企业的比较优势。

推动移动互联网产业，湖南做什么？

首先，政府要高度重视，当好“服务员”。政府要主动作为，为移动互联网产业营造良好的发展环境；要加强服务平台建设、领军企业培育、创新人才引进等工作，推动移动互联网产业向特色化、集群化、高端化方向发展；要全面优化、细化、具体化人才、财税、金融等扶持政策，引导移动互联网行业的龙头企业和小微企业集聚发展，把湖南打造成移动互联网产业的政策洼地和产业高地。

观点·声音

湖南将积极响应国家“互联网+”战略和双创战略，进一步加速发展移动互联网产业。湖南热忱欢迎广大互联网企业来湘发展。在湖南，在长沙，一切皆有可能。

——湖南省人民政府副省长　张剑飞

湖南有文化底蕴，应该在创意方面下功夫，如果能把湖南的创意产业和移动互联网有机整合，可能会是一个很大的发展机会。

——IDG资本创始合伙人、湖湘汇会长熊晓鸽

当今，互联网企业渗入实体经济，互联网+各种创新被推向历史舞台，影响了我们生活的方方面面。

——网友　@鎏金渠水

湖南提前布局互联网产业发展，通过政策优势吸引大批互联网企业聚集。图为2016年6月，长沙获评2016中国“互联网+”十大城市，代表上台领奖。

其次，企业要加快发展，当好“主力军”。移动互联网企业要加大创新力度，示范和带动更多企业投入移动互联网产业发展。在技术方面，要加大技术研发力度，开发和掌握一批具有自主产权的核心技术；在服务方面，要以市场需求为导向，为消费者提供更丰富、更优质的服务；在产品方面，要加强研发力度，打造一批消费者看得上、买得起、用得好并且质量上过得硬的产品；在商业模式方面，要瞄准行业领先标准，培育一批新模式、新业态；在社会责任方面，要坚持法律底线，坚守社会责任，实现经济效益和社会效益的双增长。

最后，社会要多支持鼓励，当好“后援团”。要进一步加大对湖南移动互联网产业特别是领军人物的宣传报道力度，深入挖掘湘籍互联网企业家的成长史、创业史、奋斗史，在全社会营造支持移动互联网产业发展的浓厚氛围。要进一步加大平台建设力度，努力把“岳麓峰会”打造成为全国乃至全球移动互联网行业知名品牌，吸引更多优秀企业和人才来湖南投资发展。

无湘不成军。发展移动互联网产业，是当前湖南后发赶超、中部崛起的必然选择，是当代湖南人对“敢为人先、经世致用”精神的再次实践。在这片发展的热土上，“移动湘军”整装出发，必将会迎来一个美好的未来！

·信息链接·

湖南大力扶持移动互联网产业

根据省政府《关于鼓励移动互联网产业发展的若干政策》（有效期至2018年12月31日），省财政拿出“真金白银”，着力扶持移动互联网产业发展。

一、着力培育市场主体。国内外知名的移动互联网企业，其总部整体迁入我省，或在我省设立区域性总部、独立核算的分支机构，投资额1000万元以上的，一次性给予100万～1000万元项目落地补助资金支持。对当年营业收入5000万元以上、年增幅超过30%的移动互联网企业，一次性给予100万～500万元项目资金补助。对移动互联网企业投资开发新项目或对原有项目改造升级，给予最高达500万元的补助。对当年营业收入300万元以上的移动互联网中小微企业，给予最高达150万元的补助。

二、着力引进高端人才。对在国际或国内移动互联网产业知名企业有3年以上工作经历，且担任中、高层职务的管理人员和核心技术人员来湘创业，给予最高达500万元的创业资金扶持；入驻园区（集聚区）的，连续3年免费提供不超过500平方米的办公用房，或给予3年实际房租补贴。此外，在技术创新和市场培育方面，也有相应的扶持政策。

19

清风劲拂民心暖

——我省如何治理好基层腐败

·热点导读·

“民心是最大的政治，要把管党治党政治责任落实到基层，厚植党执政的政治基础。”为贯彻中国共产党第十八届中央纪律检查委员会第七次全体会议严肃查处群众身边的不正之风和腐败问题的要求，我省各级政府多措并举治理基层腐败，不断推动全面从严治党向基层延伸、向纵深发展：紧扣“两个责任”，深化专项整治；强化“互联网+监督”，力斩拔毛“黑手”；严把风气关，规范“微权力”，标本兼治重塑政治生态。

“没想到处理速度这么快，真是大快人心！”近日，说起纪委快查快办，仅一周时间就“拿”下多名村干部套取专项资金30余万元的案子，永州祁阳县七里桥镇大坳村村民彭大爷喜形于色。走进湖南各地，越来越多的基层群众正切身感受到反腐“红利”带来的获得感。

“民心是最大的政治，要把管党治党政治责任落实到基层，厚植党执政的政治基础。”这是2017年1月召开的十八届中央纪委七次全会

我省各级政府多措并举治理其腐败，不断推动全面从严治党向基础延伸。图为长沙市纪委专项督查组成员在认真查看某单位的财务凭证。

总结党的十八大以来的工作体会之一，全会要求持续保持高压态势，严肃查处群众身边的不正之风和腐败问题。无须扬鞭自奋蹄。我省各级政府多措并举治理基层腐败，不断推动全面从严治党向基层延伸、向纵深发展，交上让党和人民满意的答卷。

紧扣“两个责任”，深化专项整治

湖南整治基层贪腐，把“两个责任”层层压紧压实。2016年5月30日，中央巡视组向湖南省委反馈巡视“回头看”情况时，其中一项就是“基层‘雁过拔毛’式腐败多发”。面对中央巡视组的整改要求，同年3月业已开展起来的“雁过拔毛”式腐败问题专项整治工作，在全省再次加力加压。省委书记杜家毫强调，省委要带头落实巡视整改主体责任，在整治“雁过拔毛”式腐败问题上集中发力，切实维护群众利益，增强人民群众获得感。全省上下实行“一盘棋”，紧扣“两个责任”这个关键，促进各级专项整治动真格、见实效，推动正风反腐向基层延伸，切实整治基层贪腐。

·热词点击·

两个责任

党的十八届三中全会提出，落实党风廉政建设责任制，党委负主体责任，纪委负监督责任，要制定实施切实可行的责任追究制度。简称为“两个责任”。

“雁过拔毛”式腐败

“雁过拔毛”式腐败作为基层腐败的典型表现形式，主要是指少数基层干部在资金分配、审批审核环节以及管理基层事务的过程中，滥用职权侵害群众切身利益的腐败行为。

按照“省统筹、市州负总责、县乡具体负责”的原则，仿照省里的体例，各市州、县市区直至乡镇均成立相应的专项整治工作机构，各级建立了专项整治工作调度、通报制度，工作进展情况实行每月一通报，对重要案件实行纪委提级督办或实地指导查办，及时传导压力。为快查严处基层腐败，我省坚持把执纪力量下沉到一线，县乡纪委坚持把查处“雁过拔毛”式腐败问题作为主要任务，乡镇纪委平均配备专职纪检干部3人以上。2016年以来，省纪委3次向全省14个市州和部分省直单位发出重点问题线索督办函。每次挂牌督办，省纪委都从近期群众信访举报件中筛选出来100件典型问题线索，按照地域、职能机构和责任分工等，分别督办，限期核查处理，将压力一直传到乡镇基层。这期间，省纪委挂牌督办问题线索共271件，查实207件。

据统计，专项整治工作开展以来，全省各级各部门实行责任追究案件59件，责任追究50人，形成了强有力的震慑。

强化“互联网+监督”，力斩拔毛“黑手”

对老百姓而言，近在身边叮咬不断的“蚊蝇”，远比遥不可及的“虎害”更让人深恶痛绝。省委常委、省纪委书记傅奎强调：“对胆敢向扶贫、民生款物伸手的，要加重处理；‘拔了的毛’要还回去，让群众感受到实实在在的效果。”

2016年以来，我省以扶贫领域为重点，以资金管理分配为主线，开展农村集

·深度关注·

巩固反腐败压倒性态势　大力整治基层腐败

十八届中央纪委七次全会指出，反腐败斗争压倒性态势已经形成，但反腐败斗争形势依然严峻复杂，全面从严治党依然任重道远。当此之时，更要乘势而上，巩固压倒性态势，不断推动全面从严治党向纵深发展。为此，2017年的工作报告再次对严肃查处群众身边的不正之风和腐败问题作出部署，“拍蝇”不手软，坚定群众对党的信心和信任。全会要求切实解决管党治党“上强下弱”、力度递减的问题；遏制扶贫领域的腐败问题，开展专项整治，加大对“小官大贪”、侵吞挪用、克扣强占等侵害群众利益问题的查处力度，斩断伸向扶贫资金的黑手；加大对“村霸”和宗族恶势力的整治；明确提出“扩大巡察覆盖面，加强对问题反映集中县乡的督查”等。

体“三资”和村级财务大清查，全面清理涉及损害群众利益的不正之风和腐败问题。同时，加大对51个贫困县（市、区）的督导检查、案件查办力度，力斩雁过拔毛“黑手”，看住群众的“救命钱”“养家钱”。2015年10月，怀化市麻阳苗族自治县开始搭建“互联网+监督”平台，以“大数据”形式集综合监督、执纪、问责、分析和决策于一体，囊括惠民补贴发放、低保户评定、养老保险金和医疗保险金收缴与发放等34类民生项目、12大类107项民生资金的有关信息。技术的创新推动，让雁过拔毛的“黑手”无处遁形，一举击穿了“蝇贪蚁害”们的“隐形马甲”。目前，麻阳依托“互联网+监督”平台共发现问题线索20429条，取消违规领取低保1051户、2471人，清退不符合条件贫困人口3300人，挽回易地扶贫搬迁、危房改造等资金3000余万元，查处的民生监督类信访案件同比下降43.9%，村干部违纪违规问题立案同比下降25%，全省社会综治民调由2014年的第114位上升至2016年的前20位。

这一经验很快就在全省推广。2017年4月1日，省委、省政府部署召开“互联网+监督”工作电视电话会议，决定建立省、市、县三级“互联网+监督”平台，推动群众身边的不正之风和腐败问题治理不断深入，保证党的好政策不打折扣地落实到位、惠泽群众。

同时，我省深入挖掘问题线索，在重要节点和时段开展明察暗访和“点穴”式专项检查，坚持对腐败问题和“四风”陋习发现一起查处一起，对典型案件点名道姓公开通报，形成了有力震慑，使虚报冒领、贪污挪用、吃拿卡要等腐败问题和庸、懒、散、奢等不良风气得

我省大力推动建立省、市、县三级“互联网+监督”平台，力斩雁过拔毛“黑手”。图为2017年4月1日，湖南省委、省政府在长沙召开“互联网+监督”工作电视电话会议。

到有效整治。

沙聚成塔，点聚成面。截至2016年12月，全省仅受理“雁过拔毛”式腐败问题线索举报就高达10049件，立案调查5675件，处理7951人，其中，给予党纪政纪处分5178人、移送司法机关498人，追缴资金3.69亿元，清退资金7025.06万元，把党和政府的温暖送到了群众手中，不断增强了群众的获得感。

严把风气关，规范“微权力”，标本兼治重塑政治生态

整治群众身边的不正之风和腐败问题，加强基层党组织建设是非常重要的一环。

2017年，我省迎来新一轮合乡并村改革后的首次村和社区同步换届选举。从省委开始，湖南各级党委切实把党的领导体现在村级“两委”换届工作中，加大对“村霸”、宗族恶势力和“微腐败”“蝇贪”的整治查处力度，确保风清气正、建好基层组织。

在衡阳，各级部门深刻汲取衡阳破坏选举案的教训，全市25个试点村（社区）全部由市、县领导挂点指导，223个难点村（社区）全部安排工作组驻点整顿，2765个村（社区）均有党员干部包点指导。针对换届过程中出现的苗头性、倾向性问题，各级及时发现处置，强化执纪问责，坚持抓早抓小、动辄得咎。换届中，村级财务专项清理是老百姓最为关注的“兴奋点”。2017年2月以来，娄底市双峰县利用一个多月的时间，集中组织1567名县乡干部，对全县合并前860个村的财务收支情况进行了全面清理审计，收回和追缴违纪违规资金692万余元，查处违纪违法村干部11人。不少地方还对学历高、能力强、年龄低的基层党员“高看一眼”。近3年来，武冈市通过“一村一大”培养的144名农民大学生党员，成为乡镇重点推选对象，最终有127人当选为村级党组织委员，其中

观点·声音

向基层惠民资金伸手，群众身边“苍蝇”嗡嗡乱飞——这种发生在基层的“微腐败”，被形象地比喻为“雁过拔毛”。“毛”虽小，拔掉的却是群众“最后一公里”的获得感，损害的是群众最直接感受的党风、政风。

——《人民日报》湖南分社记者　颜　珂

“苍蝇”损害的是人民群众的根本利益，伤害的是人民群众的感情，危害的是党的执政基础，直接影响到党和政府在人民群众心目中的形象。

——网友　@人在江湖

我省大力惩治基层“微腐败”，一年多来共处理“蝇贪”7951名。图为湖南省湘西土家族苗族自治州保靖县纪委工作人员到村民家中核实问题线索。

36人当选为书记。把有问题的、不适合进入村级“两委”的人筛选出去，把村民信得过、有能力的“带头人”选进“好班子”……几个月来，通过树立正确的用人导向，湖南各村和社区选优配强村（社区）组织“带头人”，给广大基层群众吃了一颗“定心丸”，夯实了基层党风廉政建设基础。

针对基层“微腐败”的特点，我省还坚持对症下药，在信息透明、流程监管、强化监督等方面加强制度建设，健全“村账乡代管”制度，整合、规范涉农资金下拨方式，推动党务公开、政务公开和村务公开。同时，推动纪律教育向基层延伸，加强对基层党员干部的日常监管，推进廉洁家风建设，并积极回应群众诉求，深入开展基层信访举报积压件“大起底”，把问题解决在初起之时，打通全面从严治党的“最后一公里”。

“乡村治，百姓安。”频频出手的一系列“动作”，让全省的基层政治生态不断得到净化，推动了党与民心的“进一步握手”。随着基层党组织建设逐步加强，一大批制度建立健全，不仅有效规范了“微权力”，防止了“有权任性”，而且把绝对忠诚铸入了灵魂，有力推动了基层政治生态的重塑。

·信息链接·

对“雁过拔毛”式腐败“零容忍”

湖南省委、省政府决定，自2016年3月起，由省纪委牵头在全省开展“雁过拔毛”式腐败问题专项整治工作，对“雁过拔毛”式腐败问题“零容忍”，重点整治村（社区）、乡镇（街道）及基层站所，市州、县市区财政、发改、农业、扶贫、民政、国土资源、住建、交通运输、水利、林业、水库移民开发、教育、人社、卫生计生等公共服务单位和领域以及公安等执法单位和领域存在“雁过拔毛”式腐败问题的单位和个人。同时，重点查处和纠正发生在群众身边、损害群众利益、群众反映强烈的不正之风和腐败问题。

后 记

省委常委、省委宣传部部长蔡振红主持本书的编写并提出总体思路；省委宣传部常务副部长李发美对本书编写提出具体意见并审阅了书稿；省委宣传部副部长周湘牵头负责本书策划并对书稿进行审定；省社科院副院长周小毛，省委宣传部宣教处处长胡革平，省社科院办公室主任潘小刚、中国马克思主义研究所所长黄海、科研处副处长周湘智参与本书整体策划、内容设计并负责统稿；省委宣传部宣教处副处长石海、副调研员倪章华参与本书内容设计、文字校核和协调联络工作。

在本书编写过程中,省社科院、湖南日报社、省委网信办、新湘评论杂志社给予了大力支持。省纪委、省委组织部、省委政研室、省深改办、省发改委、省公安厅、省教育厅、省农委、省水利厅、省经信委、省人社厅、省文化厅、省卫计委、省旅发委、省扶贫办等单位对有关内容进行了审读把关。“谈心录”宣传一启动，《湖南日报》、湖南卫视、湖南经视、湖南人民广播电台、《新湘评论》、《潇湘晨报》、《三湘都市报》、红网、华声在线、省政府门户网等省内各级各类媒体及主要网站、政务微博、微信公众号，众媒一心、同频同步，充分发挥主动性、创造性，巧妙运用报纸加短评、电视配访谈、网站做专题等方式，把“谈心录”内容传播得有声有色、深入人心，产生了良好的社会反响。湖南人民出版社为本书出版做了大量工作，在此谨致谢忱！

参与本书起草和修改的有：周湘智、潘小刚、何绍辉、李伟锋、舒隽、李黎明、唐敏、马纯红、黄海、张尚武、柳德新、邓晶琎、吴良琴、胡江春、谢华、张斌等。

本书编辑组

2017年7月